ESPIRITISMO CULTURAL

ARTE, LITERATURA, TEATRO

ELDORADO EME ABRADE

Impressão e distribuição:
EDITORA EME
Caixa Postal 1820 – CEP 13360-000 – Capivari, SP
Fone/fax: (19) 3491-7000 / 3491-5603
E-mail: editoraeme@editoraeme.com.br
Site: www.editoraeme.com.br

WILSON GARCIA

ESPIRITISMO
CULTURAL

ARTE, LITERATURA, TEATRO

Capivari SP - 2004

Espiritismo Cultural: Arte, Literatura, Teatro

1ª edição
1.000 exemplares
Abril de 2004

Capa:
Wilson Garcia

Projeto gráfico:
Jonas Narivicius

Revisão final:
Isabella Grendene

Edição conjunta:

ELDORADO

EME

ABRADE
ASSOCIAÇÃO BRASILEIRA
DE DIVULGADORES
DO ESPIRITISMO

SUMÁRIO

2ª PARTE

IX Congresso Brasileiro de Jornalistas e Escritores Espíritas

Capítulo I

Capítulo II

APRESENTAÇÃO

Um interessante material resultou do último congresso de jornalistas e escritores espíritas realizado no Brasil. Esse material ficou por muito tempo guardado, talvez devido às próprias circunstâncias que envolveram a realização daquele evento, talvez porque o contexto do pós-congresso tenha determinado uma certa confusão ou quem sabe em razão de haver sido publicado parte daquele material na edição especial do jornal "Correio Fraterno do ABC", que circulou durante o evento e serviu como roteiro para os congressistas.

O fato é que, passados alguns anos, verificamos que os trabalhos e textos expositivos do evento representam significativa mostra da realidade contextual de então, assim como respondem a muitas das questões que ainda hoje são colocadas no movimento espírita brasileiro. Ou seja, são textos de uma atualidade indiscutível, razão pela qual estão aqui reunidos numa ordem cronológica que atende mais ao interesse atual do que à ordem com que foram apresentados no congresso de 1986.

Vários dos seus autores continuam vivos entre nós. Com certeza, se lhes fosse perguntado sobre uma possível atualização na estrutura dos respectivos trabalhos, fariam modificações, prática essa normal e corriqueira até em textos recentes e ainda não publicados. Todos os editores sabem que não é muito fácil a sua relação com os escritores, especialmente no que diz respeito aos originais em vias de publicação, exatamente pelo fato de os autores pretenderem – e às vezes até imporem – modificar, quando não reescrever as obras. Não seria diferente aqui, com a agravante de se haver passado um bom tempo desde a produção do texto de cada um.

Preferimos publicar os trabalhos tal qual eles foram apresentados à comissão organizadora do Conbrajee-86. Com isso, preservamos sua originalidade, favorecendo a que se possa formar uma idéia bem próxima do contexto em que se inseriu a nona edição daquele que foi por longos anos o único grande acontecimento democrático do Espiritismo brasileiro e que se transformou em modelo de discussão pública dos interesses doutrinários, dentro de um regime de profundo respeito ao direito de pensar e expressar que cada indivíduo possui.

A estrutura do livro está dividida em duas partes e os textos e informações dentro de cada parte obedecem à noção de importância que, hoje, possuímos em relação a este material discursivo. Daí porque reservamos apenas para o final do livro o relato sucinto sobre aquele congresso, sustentado por informações básicas estruturadas de forma não linear. Ou seja, a segunda parte, que trata dos fatos relativos à organização e realização do Conbrajee-86, é desenvolvida de forma analítica para que possa ser construída uma visão ampla dos elementos que interferiram no evento e que, posteriormente, tiveram desdobramentos, podendo explicar, inclusive, a descontinuidade do congresso. Assim, por uma imperiosa necessidade de contextualização, iniciamos a segunda parte com um relato histórico dos congressos de jornalistas e escritores espíritas, abrangendo o período de 1939 a 1995, quando a Associação Brasileira de Jornalistas e Escritores Espíritas (Abrajee) se transformou em Associação Brasileira de Divulgadores do Espiritismo (Abrade).

Na primeira parte apresento os textos acima referidos, razão maior do título deste livro: "Espiritismo cultural – arte, literatura e teatro". E quando me reporto à sua importância para a compreensão do contexto em que os textos foram criados, desejo claramente afirmar que eles não só permitem que sejam compreendidos como um material de certa forma unitário mas também em unidade com a realidade vivida. Ou seja, são uma mostra das preocupações e modos de ver que uma parcela do movimento espírita possuía em relação à doutrina e à sociedade.

Cerisa Dias Damasceno, com o seu trabalho sobre arte e literatura, está inserida entre aqueles que foram levados na época à discussão sobre o acerto ou não da caracterização atribuída à produção, naturalmente engajada, da literatura espírita. Já em 1982, Deolindo Amorim havia afirmado, em artigo produzido com exclusividade para o Suplemento Literário do Correio Fraterno do ABC, sob nossa direção, que havia, sim, uma literatura espírita. A reivindicação era consistente. Cerisa centra sua atenção na questão das características universais da obra de arte e sem abrir mão da sua independência de pensamento, aponta para uma dimensão ampla da arte, dentro da qual a arte espírita apenas se esboça, porque está sendo construída e no futuro não se reservará apenas ao ambiente espírita, para ser "a expressão do pensamento e dos ideais civilizados". Nesta mesma linha de pensamento e sob o signo da coerência, Cerisa enfrenta a questão da literatura espírita como uma criação em estágio transitório a caminho de sua expressão universal, mas enquanto isso apenas uma literatura experimental.

Uma posição menos racional e bem mais comprometida com as possibilidades de uma filosofia enquanto suporte de uma ética superior, que encontra no Espiritismo, aparece nas reflexões de Mário Tamassia. Da crítica à literatura universal, que proporciona amplas possibilidades de arroubos individualistas e compromete a necessidade intrínseca de uma literatura que deve estar voltada para a verdade e o bem do outro, Tamassia se baseia em experiências pessoais para oferecer um quadro de responsabilidades aos autores que trabalham o conhecimento espírita nos diversos gêneros literários, atendendo à idéia central de que, passada uma certa fase onde boa parte das energias criativas dos autores espíritas era gasta na defesa dos ideais assaltados por adversários, era preciso contar com a ação de dirigentes conscientes. Ou seja, somente com uma direção institucional que solucione os problemas amplos de acesso à mídia de massa e com autores capacitados a comunicar a nova "filosofia de vida" do Espiritismo, o processo de transformação moral da Humanidade efetivamente se realizará.

No que concerne à qualidade e ao comprometimento com os princípios básicos da filosofia espírita, a questão levantada por Tamassia encontra respaldo em Nazareno Tourinho, mas este racionaliza o seu enfoque sob a necessidade de separar e compreender as diferenças entre a obra literária espírita "autêntica" e a obra literária não espírita, para que o trabalho de análise crítica não apenas seja eficiente no seu empenho em compreender e demonstrar uma e outra, mas também pela necessidade de haver uma crítica literária espírita acreditada. E em Nazareno aparecem dez princípios filosóficos do Espiritismo que, segundo ele, não podem ser contrariados, nem direta nem indiretamente, ou seja, a obra caracteristicamente espírita não só deve abordá-los de alguma maneira como também deve fazê-lo de modo integrado, unitário, atendendo às suas relações intrínsecas. E assim como a obra espírita "autêntica" precisa contar com tais requisitos, a crítica literária, além de observar a presença desses requisitos e as relações que mantêm entre si, tem como aspecto indispensável a capacidade doutrinária do crítico, capacidade que se sustenta ainda mais na sua folha de serviços prestada ao Espiritismo.

Carmen Barreto une literatura espírita e imprensa espírita e centra sua abordagem nas relações entre as duas, enquanto Dora Incontri, no "Manifesto da Poesia Espírita" chama a atenção para a importância do fazer poético enquanto criação artística de caráter universal, que no Espiritismo tem boa qualidade enquanto produção mediúnica mas não encontra qualidade correspondente, senão em raras exceções, quando originária dos indivíduos encarnados. O manifesto é também uma tentativa de demonstrar as possíveis causas dessa fragilidade poética e a necessidade de superação desse seu estágio. A literatura espírita enquanto meio de comunicação dos resultados da pesquisa científica diretamente relacionada com objetos que importam intimamente ao Espiritismo tem sua abordagem com Ney Prieto Peres.

Há, segundo ele, uma necessidade de multiplicação dos institutos destinados à pesquisa científica, diretamente pelos espíritas ou com seu apoio, entendendo que a pouca importância dada ao assunto origina-se do equívoco fundamental de se pensar que todas as comprovações de que o Espiritismo precisa estão suficientemente evidenciadas por aquilo que já se realizou no passado. É preciso também equilibrar os interesses do Espiritismo no campo da ciência com o interesse dos diversos setores da sociedade que investem na Parapsicologia, onde impera ora interesses materialistas ora interesses confessionais provenientes dessa relação promíscua entre a Parapsicologia e o Catolicismo. Os institutos científicos espíritas teriam, também, a missão de definir o Espiritismo como Ciência e obter o reconhecimento desse *status* junto aos organismos científicos brasileiros, como o fez a Parapsicologia nos Estados Unidos.

O caráter sociológico da visão de Emmanuel é visto de forma equivocada, segundo Maria Eny Rossetini Paiva, equívoco que torna o conhecido Espírito alvo de críticas não muito bem fundamentadas. E Herculano Pires tem sua atuação filosófica destacada por Aylton Guido Coimbra de Paiva, que se vale de um então recente livro sobre o conhecido autor – "Herculano Pires, filósofo e poeta" – para enfatizar a importância da retomada do pensamento piresneano.

Finalmente, em outro texto, Nazareno Tourinho desenvolve o percurso e as regras da criação teatral, como forma de contribuir para a melhor compreensão do tema que estava sendo retomado através da multiplicação de grupos teatrais. Repete sua preocupação, como havia feito em relação à produção literária, no que diz respeito à qualidade da criação e às possibilidades da crítica, vista como necessária para o aperfeiçoamento da criação. E o discurso que encerra o assunto, de Hamilton Saraiva, aponta a permanente presença da fenomenologia espírita nas produções teatrais de todos os tempos, do teatro grego ao mundo contemporâneo.

Temos, portanto, um bom material disponível, agora, para os interessados na arte enquanto tema geral diretamente afetado pela cultura espírita e nos seus desdobramentos diversos. Não nos preocupamos em analisar criticamente os textos, por considerar impróprio tal atitude aqui, já que a intenção é preservá-los enquanto material de expressão do pensamento de seus autores. Logicamente, cada leitor fará sua análise pessoal a partir do interesse pelos temas e, penso, levará em consideração a época em que foram produzidos e a realidade atual, em que o conhecimento e a tecnologia sofreram profundas mudanças e nos permitem acrescentar outras reflexões. Apesar disso, não temos dúvida de que o material apresentado representa importante contribuição de jornalistas e escritores à doutrina espírita e suas relações com a sociedade.

Wilson Garcia

I PARTE

LITERATURA,
POESIA E
TEATRO

ARTE E LITERATURA ESPÍRITA

CERISA DIAS DAMASCENO

INTRODUÇÃO

Este trabalho visa a contribuir para uma maior conscientização do escritor espírita através de uma análise da Arte, das suas origens, seus requisitos e sua razão de ser. Ao mesmo tempo, procura demonstrar que a proposição da Arte, em linhas gerais, é idêntica à da Doutrina Espírita. E conclui que a Arte Espírita não está condicionada somente aos ideais espíritas, mas aos ideais da Humanidade, razão pela qual não se atém a uma única forma de linguagem ou de temática.

Em termos práticos, isto significa para o escritor espírita uma maior abertura, maior versatilidade, maior liberdade de escolha e de expressão, que são anseios e reivindicações de todo artista. Também significa maiores responsabilidades, maior entrosamento com artistas não espíritas, maior habilidade técnica, conhecimento do ofício, conhecimento doutrinário e, é claro, talento artístico.

Quanto à crítica literária espírita, seu papel é o de propulsora do movimento renovador literário, sem cerceamento da criatividade em prol do que costumamos denominar "pureza doutrinária", muitas vezes disfarçada acepção de sectarismo filosófico, o que contraria a própria natureza universal, ousada e lógica do Espiritismo.

O CARÁTER UNIVERSAL DA LITERATURA ESPÍRITA

A literatura dita espírita é antes de tudo uma expressão artística de caráter universal.

O caráter ou aspecto universal de uma obra está ligado à tradição humanista. Uma obra de arte universal é em sua essência uma obra filosófica humanista, no sentido da máxima de Terêncio: *Nihil humanum a mibi alienum puto* (nada do que é humano me é indiferente)[1]. Assim, as legítimas obras universais podem ser traduzidas para qualquer língua, adaptadas a diversos tipos de cultura, reinventadas e consumidas por várias gerações sem perder a sua capacidade de comunicar experiências "familiares" a cada ser humano, e sem envelhecer com o decurso do tempo.

Por exemplo: numa peça de teatro de cunho universal, o drama é vivido pelos personagens, mas o espectador percebe que ali também se desenrola uma parte da sua própria história: a história da natureza humana. As ações e reações dos personagens não são indiferentes ou estranhas ao mundo psíquico do espectador. Os personagens movimentando-se na arena parecem dizer nas entrelinhas: "Você que está aí assentado não pode julgar-me sem julgar a si próprio". Esta sensação de cumplicidade é indício da nossa universalidade interior, da nossa capacidade de sermos vários em um, aptos a compreender o mundo em sua totalidade. Logo, nenhum de nós, à maneira de Caim, se sentirá irresponsável e indiferente quanto ao próximo e ao seu destino. Tanto o réprobo como o virtuoso são vistos como expressões de humanidade, variações ou oscilações existentes em nós mesmos, que permitem reconhecermos uns nos outros, e a compreender o que é ser *humano*.

Portanto, uma arte desse gênero é capaz de desenvolver no Homem seus impulsos fraternos e solidários, simplesmente através de uma experiência emocional, espontânea, "mágica". O "segredo" está na origem da Arte, que analisaremos mais adiante.

Exclamações como "Eu pensava que somente eu *sentia* isso", ou "que somente eu era assim" ao defrontarmos com reações alheias que nos surpreendem por assemelharem às nossas, são típicas do homem moderno, isolado e espoliado na sua capacidade de se ver como um todo e integrado a seus irmãos. As reações desse grande individualista de opinião pública, vêm até acompanhadas por uma sensação de alívio, porque nos identificam com os demais seres humanos, livrando-nos dos fantasmas da dessemelhança e da anormalidade. O temor do homem de ser "diferente" é uma das causas de sua satisfação ao reconhecer nos outros reflexos de si mesmo. Uma das razões é o estímulo social à padronização e à mesmice, mas há outras razões profundas para reações como esta, e uma delas é a *necessidade de sentir-se humano*.

---

[1]A referida citação latina com sua tradução foi extraída do livro de Erich Fromm "Meu Encontro com Marx e Freud", Ed. Zahar, 7ª edição, 1979, p. 18.

Vejamos outro exemplo: quando duas ou mais pessoas se revelam sem inibições, acabam por se reconhecerem como dois seres semelhantes. Esta descoberta estimula o desenvolvimento da fraternidade, da humildade, da tolerância e do apoio mútuo, o desejo de auxiliar e cooperar, o amor à vida: o homem cristianiza-se. Se por outro lado mascaram-se para o diálogo, jamais experimentarão a alegria do reconhecimento mútuo, da identidade original. Teremos interlocutores interessados um no outro, mas essencialmente preocupados consigo mesmos. Surdos, experimentarão a necessidade de se afirmarem. Sobre esta sensação de desigualdade e insegurança surge o desejo de explorar ou de submeter-se o amor à morte, a hostilidade, a intolerância: o homem descristianiza-se.

Na primeira relação, distingue-se um diálogo filosófico, uma relação profunda e enriquecedora, onde as pessoas criam condições para *serem a moral cristã*. Na segunda distingue-se a superficialidade, a estagnação das forças vivas existentes no indivíduo que leva à insensibilidade para as questões filosóficas.

Esta segunda relação ainda é a tendência predominante no nosso mundo, seja em nível doméstico, seja em nível internacional. As causas vão da estrutura econômica e social à estrutura política e familiar. Todas elas *concorrem* para a dificuldade de assimilação e prática da moral cristã, mas nenhuma delas determina o caráter do indivíduo, uma vez que estas estruturas são também produto da iniciativa humana. As instituições sociais, políticas, econômicas, bem como a familiar existem em função do Homem, que lhes sofre a influência como reflexo da sua vontade. De modo que a inciativa de renovação parte do Homem e não das estruturas por ele estabelecidas.

É evidente que o estudo crítico e a busca do aprimoramento dessas instituições são importantíssimos para a melhoria da condição humana e indispensáveis àqueles que estudam a doutrina espírita, bem como àqueles que se dedicam à arte. Mas não podem ser vistos isoladamente, alienando-os do indivíduo, como se tivessem vida própria. Do mesmo modo não se pode estudar o Homem, e por fim o Espírito, sem considerar o quadro material onde se situa *e ao qual está psicologicamente vinculado*.

A mesma linha de raciocínio é aplicável à Arte, e no caso particular, à Arte dita espírita: a Arte produz um efeito catártico sobre essas relações sociais imperfeitas. Longe de ser um instrumento de alienação, a Arte reintegra o ser humano à natureza coletiva, devolvendo-lhe o sentido de humanidade perdida em determinado momento histórico; desperta emoções reprimidas permitindo ao Homem conhecer-se; coloca-o em equilíbrio com o meio e impulsiona-o a modificar-se a si e às estruturas existentes.

As cerimônias mágicas primitivas possuíam esse caráter depurativo e eram extremamente artísticas porque propiciavam ao Homem o domínio sobre a natureza e a cura de seus males físicos e psíquicos através da encenação, da dança e de todo um ritual simbólico de comunicação com os entes superiores.

Desfeita a unidade original surgem a Arte, a Ciência e a Religião distintas. A Arte ganha linguagem própria, conserva sua função primitiva e aos poucos absorve a função religiosa. As Ciências, da mesma maneira, vêm assimilando um papel religioso. Exemplo notável é a Psicanálise, que auxilia o Homem a atingir sua maioridade psíquica dando-lhe condições de se relacionar com o meio de uma forma saudável, e por fim capacitá-lo a compreender Deus. Tanto a Arte quanto a Ciência assumem hoje um papel mais eficaz na relação entre o Homem e Deus do que a própria Religião.

De modo que a essência religiosa permanece, porém com roupagens novas, dando-nos a falsa impressão de estarmos vivendo num mundo irreligioso. Apegados à forma, à tradicional estrutura religiosa, não vislumbramos o caráter natural da religiosidade como uma relação direta e espontânea com Deus, semelhante àquela relação filosófica a que nos referimos.

Considerando que a Arte também está assumindo uma função religiosa (ou reassumindo esta função) e que a relação entre artista e espectador (ou leitor) é de um modo geral uma relação do primeiro tipo, muito pode a Arte fazer para que nesse diálogo o Homem restaure a confiança em si mesmo, tome consciência de si, dos outros, do seu lugar no mundo e tome consciência de Deus, para que se disponha a construir um mundo verdadeiramente cristão.

Podemos assinalar, quanto à arte dita espírita, três pontos importantes:

1) tem como fundamento os princípios *filosóficos* do Espiritismo, dos quais decorrem todos os outros;

2) é de caráter humanista, e portanto universal;

3) não é uma arte religiosa, pelo fato de ser espírita. Isto porque, em primeiro lugar, a natureza da Arte não é religiosa e, sim, mágica, transcendental; segundo, porque o fundamento da Arte é ideológico, filosófico, e não religioso; e terceiro, porque o Espiritismo é basicamente uma doutrina filosófica.

> "Assim como a Arte cristã sucedeu a Arte pagã, transformando-a, a Arte espírita será o complemento e a transformação da Arte cristã." (Allan Kardec, Obras Póstumas)

Podemos afirmar, com base no conhecimento teórico e relacional, que a Era Cristã *sucedeu* à Era Pagã. Entretanto, no mundo da Arte, ou seja, em nível emocional e prático, esta afirmativa não tem nenhum sentido. Numa análise profunda, vivemos ainda lado a lado com resquícios pagãos, às portas da Era do Espírito. Daí a dimensão da Arte ser maior do que a dimensão da realidade histórica, abrangendo o "passado", o "futuro", ou ambos ao mesmo tempo, numa síntese em equilíbrio com o presente.

A previsão de Kardec é coerente e verdadeira, porque ele teve o cuidado de inserir as palavras *complemento* e *transformação* ao lado de *suceder*, emprestando assim ao verbo uma idéia dinâmica e evitando qualquer interpretação mecanicista da sua concepção de história da Arte.

O estudo da História atendia a um mecanismo de causas e conseqüências, de fatos que se sucediam em virtude de fatos anteriores, numa seqüência linear, de tal modo que determinada variante histórica podia ser estudada à parte aplicando-se a ela somente os antecedentes. O conhecimento do passado era o bastante para a compreensão do presente. A idéia de evolução dos fatos obedecia a um critério semelhante ao das Ciências, onde o futuro, a conseqüência, o resultado da experiência já seriam previsíveis, a partir do passado, da causa, ou da lei, rigorosamente definidos.

A noção de *transformação*, consubstanciada na visão dialética de Hegel e posteriormente Marx, dentro do estudo da História é algo recente. O início da Era Cristã, por exemplo, não pressupõe o fim da Era Pagã, e sim é a continuidade desta com feições novas.

A Arte jamais assumiu posição "ingênua". Se assim fosse, teríamos na Europa ainda medieval, com o florescimento de uma arte basicamente pagã, um surpreendente caso de atavismo histórico. Mas não se tratava de um retorno ao passado, e sim de *uma disposição real que ficara por séculos reprimida*.

A arte que sucedeu ao Renascimento foi uma reação angustiada a esta revelação incômoda. Pode-se dizer que a comunidade cristã sob o bastião da Igreja sofria do mesmo mal do "imobilismo histórico". Era preciso conter esses "inexplicáveis" impulsos bárbaros a todo custo, que abalavam o prestígio teocrático, o prestígio da Igreja. O resultado foi uma arte essencialmente de temática religiosa, mas de contornos profanos. Uma obra-prima de estranhezas e contradições: anjos roliços, travessos e saudáveis aos pés de santas e virgens com formas de deusas pagãs; êxtases místicos que pela postura física dos santos muito lembram sintomas histéricos; igrejas palacianas mal ocultando o mundanismo interior etc.

Em última análise:

1) A Era Cristã foi (e continua sendo) um *esforço de afirmação do Cristianismo*, o que demonstra a precariedade de nossa crença, em *nível vivencial*, perfeitamente compreensível à luz dinâmica da História.

2) A síntese ideal da condição humana é portanto o equilíbrio entre o passado e o futuro, *no presente*; entre a natureza animal (e todas as crenças que dela decorrem) e a espiritual.

3) Mas há sempre um terceiro fator *oriundo dessa síntese precária* que motiva para frente. Um fator *realmente novo* que "desequilibra" o estado atual e está ligado de alguma forma ao futuro, embora se manifeste no presente. Isto justifica a originalidade de cada momento histórico, apesar de que os fenômenos pareçam repetir-se. No âmbito da Arte, por exemplo, os frutos da Antiguidade não foram os mesmos produzidos pelo Renascimento.

Em nosso tempo, este fator novo é a *disposição para os assuntos ligados ao Espírito*, em todos os campos de atividade humana.

A Era do Espírito se anuncia não só através da arte dita espírita, como também da Arte em si. Podemos observar que na pintura, por exemplo, a figura humana desapareceu (demonstrando que a memória do homem como Homem foi perdida) ou se apresenta de forma distorcida, inumana. Não há dúvida de que os interesses humanos vêm perdendo o seu lugar no mundo a favor de "coisas" ou de "fatos", a despeito de toda propaganda afirmando o contrário. Ao mesmo tempo, a distorção ou negação da figura humana é a antevisão de algo que preexiste ao Homem, de natureza diferente, e que sobrevive a ele, malgrado o seu aniquilamento. Esta "mensagem" é ainda um pouco confusa e imprecisa, mas não deixa de ser a mesma proposição da arte espírita.

Quanto ao qualificativo *espírita*, este nos parece hoje inconveniente e, no futuro, enfático. *Inconveniente*, porque se em plena Era Cristã ainda encontramos resíduos do passado, que a Arte denuncia, como admitir que tenhamos hoje condições de produzir uma arte realmente espírita? Pelo caráter futurista e profético da Arte, podemos admitir que se trata de um *esboço* do que será a Arte espírita de fato, *mas somente um esboço; enfático*, porque a arte dita espírita não se reservará aos meios espíritas, mas será a expressão do pensamento e dos ideais civilizados.

A TEMÁTICA ATUAL DA LITERATURA ESPÍRITA

Considerando a literatura espírita atual como uma literatura experimental (de acordo com o que foi explanado acima), algumas observações se impõem:

- A dignificação da vida material, da realidade terrestre, é talvez a mais alta missão de um escritor espírita, hoje.

E de que modo dignificá-la?

Mantendo vivas as consciências para os valores que nos identificam como seres humanos: o amor à liberdade, à vida, à Justiça, à razão, o respeito à Natureza, preservando todo o patrimônio conquistado pela Humanidade; ajudando a discernir o eterno do efêmero, o geral do particular, o essencial do supérfluo. Aí se incluem os valores morais, éticos e religiosos que sustentam as instituições terrestres.

- Devemos preservar as verdades espíritas, evitando lançá-las sobre terreno árido. A hora é de preparo, e não de colheita. Cabe àqueles que se dispõem a servir através da Arte, um esforço para a humanização e aperfeiçoamento, sem pretensões de catequese, na qual resvalam muitos talentos. Contentemo-nos com a missão de favorecer, e bem, o surgimento de uma nova Arte e de uma nova Era e estaremos colaborando imensamente para a renovação das idéias.

- É preciso que o artista espírita se coloque como espectador humano e fale a linguagem humana.

A literatura espírita difere, pela própria natureza, de uma obra mediúnica. A primeira é obra de homens; a segunda, embora dirigida aos homens, é obra de Espíritos. A literatura espírita é produto da atividade criadora do homem, e portanto Arte. A obra mediúnica é Revelação.

Se a literatura espírita é expressão artística, convém assinalar que a Arte possui um sistema de regras ao qual o artista espírita não poderá furtar-se. O conhecimento e a aplicação dessas regras são essenciais na execução de uma obra de arte. A composição de um trabalho em prosa ou em verso e de valor artístico difere de um trabalho mediúnico pelo fato de ser concebido segundo uma disposição humana de dominar a Natureza, de libertar-se dela, aumentando o âmbito da cultura e ao mesmo tempo buscando um equilíbrio com a Natureza.

A necessidade da Arte é a necessidade de o Homem imprimir sua marca pessoal naquilo que realiza, transcendendo a Natureza e também os limites da utilidade e da padronização. Esta necessidade intrínseca de criar, de individualizar a si e às coisas naturais, de materializar idéias, experiências e sensações originais, pessoais ou coletivas, exclui a possibilidade de se fazer da literatura uma "cópia" terrestre da obra mediúnica.

Ademais o Homem vive uma realidade diversa da realidade do Espírito; possui necessidades biológicas de que o Espírito não mais prescinde; está sujeito às vicissitudes exteriores, às imposições físicas, aos condicionamentos sociais, políticos, econômicos. Respira ainda numa atmosfera cheia de ilusões e paixões, umas necessárias, outras supérfluas. Desse modo, nessa atual literatura de transição, chamada literatura espírita, não poderá ignorar todos esses valores em sua temática para dedicar-se à realidade espiritual, o que a faria correr o risco de não ser levada a sério. Mesmo as obras de gênio tidas como "visões de outros mundos", como revelações, foram escritas sob a ótica de seres humanos comuns, adequadas à realidade material, à realidade humana e histórica, numa linguagem simbólica, mas mundana.

-A literatura espírita não necessita de defensores, mas de poetas.

O escritor espírita é um artista em fase de experiência e aprendizado, desaparelhado tecnicamente e vacilante quanto ao papel que desempenha. Possui acesso a profundas verdades filosóficas e no entanto ainda não sabe como trazê-las para o seu mundo, tornando-as compreensíveis e atraentes aos leitores comuns.

Além disso, seu despreparo leva-o a repetir o que foi escrito e explorado até a exaustão por outros escritores, ou então a reproduzir desarrazoadamente trechos de livros psicografados. Há também um infundado receio do criador espírita de se entrosar com as técnicas modernas de comunicação, de se integrar ao mundo cultural e artístico e assimilar sua linguagem e suas regras. A marginalização do escritor espírita parece advir do conceito de que, possuidor de um novo ideal filosófico, o ideal estético e estilístico, o fazer bem feito, com arte, são aspectos superficiais, de pouca ou nenhuma valia. Em decorrência disso, o resultado quase sempre é fraco, desinteressante e alienado, incompatível com o mundo dos best-sellers, das revistas em quadrinhos, das novelas de tevê, sem falar na produção literária existente, onde deparamos com talentos que sabem despertar emoções, transmitir idéias, enriquecer o patrimônio humano.

No âmbito da criação literária infantil espírita, por razões incompreensíveis, rejeita-se a utilização de enredos fantásticos ou personagens fabulosos já consagrados na literatura infantil. As crianças vêem diariamente na televisão e mesmo no cinema e nas revistas infantis uma série de estórias cujos personagens e heróis são animais humanizados, coisas e seres personificados, representações do Bem e do Mal, sem perderem a consciência da realidade. Isso se dá porque a fantasia não suprime a realidade: reinventa-a. O mundo do faz-de-conta não é uma alternativa de fuga, uma fieira de irracionalidades: é a realidade transfigurada. Na ficção exercitamos a nossa capacidade de criar soluções aplicáveis à realidade ou desenvolvermos essa capacidade. A ficção literária infantil também proporciona à criança o exercício de superar dificuldades e problemas através de *iniciativas razoáveis*. Mas tudo isso é apresentado de maneira sutil, equilibrada, pois o importante na arte de escrever estórias é o entretenimento, o encanto mágico, a emoção.

De que maneira pode-se entender a palavra *razoável* dentro de uma obra de ficção? Ora, é tudo aquilo que se enquadra dentro dos limites da compreensão ou de uma aceitação prévia. Os recursos fantásticos de que se servem os heróis ou vilões na resolução de imprevistos são *naquele momento* recursos reais, possibilidades autênticas, plenamente aceitáveis de antemão pelo espectador ou leitor. As medidas salvadoras que escapam às "regras do jogo" são logo rejeitadas pelas crianças.

Realmente a estória é um jogo, onde o espectador aceita as suas regras e entra como parceiro e juiz. Ele toma conhecimento das possibilidades de êxito e de fracasso dos jogadores, seus recursos, disponibilidades e perfil psicológico. Somente ignora a evolução dos acontecimentos, a jogada e o resultado. Sua motivação se baseia na cumplicidade (saber como é) e na identificação (ser como o outro) e por isso o desafio lhe interessa. A solução ou o desfecho é o alívio após a tensão, seja através da punição, do sofrimento que redime (piedade) ou da afirmação, que é a vitória do justo, do Bem ou da razão.

Logo, o mal não está no mundo da fantasia, nos personagens maravilhosos. Está na incapacidade de influir na realidade, no destino, buscando viver de uma forma criativa, sem passividade.

Sabe-se também que a realidade infantil não é a mesma do adulto; que a realidade do Homem não é a mesma do Espírito. Escolher a linguagem certa é adaptar-se à vivência de cada um. A arte de escrever *para crianças* repousa no conhecimento e domínio da linguagem *das crianças*. Jamais se escreverá para elas do mesmo modo que se redige para os jornais. Condenamos a utilização de temas como a fome, o desemprego, a orfandade, a carestia, de forma crua e angustiada, provavelmente reflexos das preocupações do escritor chefe de família. A pretexto de sermos realistas não nos esqueçamos de que Jesus ocultou sob o véu do lirismo verdades profundas, quando não as omitiu por completo em suas narrativas, respeitando as limitações dos seus discípulos.

A improvisação e o laicismo não cabem nos domínios da Arte. É um desserviço que se presta aos pequenos leitores e ouvintes, sobretudo nas escolinhas de evangelização, fazê-los ler e ouvir estórias redigidas às pressas, alegando falta absoluta de tempo para um trabalho minucioso, ou feitas para cumprir programa.

Concluímos que a linguagem infantil, de maneira geral, sem especificação da faixa etária, é uma linguagem lírica, plástica, figurada. Predomina o conhecimento através da experiência sensorial e por isto a linguagem na estória deve ser a mais natural possível a fim de que a criança possa "sentir" os fatos narrados. Expressá-los de forma conveniente é transmitir-lhes todas as sensações do cenário, do enredo, dos personagens, fazendo-as imaginar como eles seriam. Mas para isso é necessário que o escritor seja antes de tudo um poeta, um artista da palavra, antes mesmo de ser um pedagogo ou um evangelizador.

Quase sempre os escritores que se aventuram pela difícil trilha da "literatura espírita" sentem o peso da responsabilidade (imaginária) de serem "arautos" do Espiritismo e acabam até enveredando por caminhos estranhos ao ideal espírita. A verdade é que, se fossem apenas escritores mundanos, produziriam com certeza obras superiores às suas sinceras pretensões literárias espíritas.

Um romance, por exemplo, cujo tema central é reencarnação, poderá ser menos "espírita" do que outro cuja temática seja simplesmente uma saborosa crítica aos costumes, por exemplo. É que este falso romance espírita – não na sua intenção, mas no seu resultado –

não está imbuído do verdadeiro ideal artístico espírita, que longe de ser o apregoamento de seus princípios básicos, é antes de tudo a plena convicção do escritor de que sua mensagem é enriquecedora para o espírito humano. A este respeito, a crítica literária espírita, embora procure zelar pela pureza doutrinária, precisa estar atenta a semelhantes enganos de fundo filosófico, e rever o próprio conceito de pureza doutrinária.

Além disso, a crítica literária deve estimular talentos a produzirem obras de qualidade literária, mesmo sem evidentes interesses doutrinários. Deve-se também promover concursos convidando para o júri escritores e críticos de renome, o que favorece a troca de experiências, benéfica para ambas as partes, espíritas e não espíritas.

Não queremos com isso relegar a difusão da doutrina espírita a plano secundário. Queremos, sim, valorizar o escritor espírita, o artista enfim, incitando-o a aperfeiçoar-se, seja no estilo ou na temática, para que possa comunicar seus ideais de maniera mais límpida, mais bela e convincente. Pois quem tem algo para dizer – e são poucos hoje os que têm – deve fazê-lo com autoridade e absoluto conhecimento do seu ofício, sem o que os maiores ideais filosóficos se tornam anêmicos e passam despercebidos. Muitas obras de arte, e no caso muitos livros aclamados por várias gerações de leitores e pela crítica especializada são no entanto um amontoado de idéias pífias. Mas devido à sua excelência artística, ao seu tratamento eficiente e genial conquistam a atenção e o reconhecimento do mundo ofuscando muitas vezes obras de grande conteúdo, porém de nível artístico medíocre.

Ambas as posições – a do artista escrupuloso ao extremo e a do artista despretencioso – contrariam a própria natureza do Espiritismo: a doutrina espírita é produto da ousadia (pela revelação dos Espíritos numa época extremamente materialista) e da reflexão (pelo esforço intelectual e consciente de Kardec). Assim, essa literatura de transição que denominamos espírita, pois abre caminho para a Era do Espírito, deve ser a quinta-essência desses dois aspectos básicos da doutrina.

CONCLUSÃO

1) A Literatura espírita é de caráter universal, tanto em seu aspecto artístico quanto filosófico.

2) As pretensões da Literatura espírita enquanto Arte coincidem

com suas pretensões filosóficas. Ela contribui para o crescimento do ser humano nas suas relações com o mundo, com a natureza e consigo mesmo. Enfim, auxilia o Homem na busca da sua reafirmação e da sua verdade.

3) A Arte possui uma visão complexa e dinâmica de um momento histórico e por isso pode antecipar situações futuras. Daí muitas vezes o seu caráter profético e original.

4) Em plena Era Cristã os valores do Cristianismo ainda se misturam a certos valores do Paganismo, e em meio a estes valores encontramos forças realmente novas que estão ligadas a uma era futura. Destacamos entre elas a predisposição para a realidade do Espírito.

5) A Literatura espírita é uma literatura de transição, e como tal reflete nossa realidade, que apresenta uma tensão maior de forças diversas do passado, do presente e do futuro. Também antevê a realidade futura, e mais claramente do que a literatura não espírita, devido a sua própria proposição filosófica. Mas isto não justifica a sua qualificação "espírita" de vez que a verdadeira Arte Espírita reclama uma realidade nova para se desabrochar em toda sua plenitude. Inclusive requer uma linguagem adequada e uma temática diferente, que por enquanto apenas antevemos em suas linhas gerais. Embora admitamos o caráter futurista da Literatura espírita de hoje, consideramos que ela é experimental.

6) A partir do seu caráter experimental, concluímos que sua temática comporta refletir todas as contradições inerentes à nossa época, mais precisamente a realidade material, que é a tônica do nosso tempo. É evidente que a Literatura espírita deverá introduzir as suas proposições filosóficas em sua temática, impulsionar o Homem para a realidade do Espírito. Mas para afirmar-se deverá se conduzir como arte mundana. Uma Arte surpreendente, vigorosa, ambiciosa, cativante e destemida, consciente do seu papel transicional, mas Arte no sentido mais alto da palavra.

7) Em resumo, a Arte espírita de hoje e a Arte da Era do Espírito têm como base filosófica uma fonte admirável, da qual muitos se serviram sem o saber e se servirão todos futuramente. A adesão será progressiva, respeitadas as nuanças individuais de erudição, técnica e estilo, sem a monotonia da uniformidade e com a ousadia típica do gênio artístico.

BIBLIOGRAFIA

KARDEC, Allan. *Obras Póstumas*, 15ª edição, FEB, Rio de Janeiro, 1975.

________ *A Gênese*, 13ª edição, FEB, Rio de Janeiro, 1958.

FISCHER, Ernst. *A necessidade da Arte*, 8ª edição, Zahar Editores, São Paulo, 1981.

FROMM, Erich. *Meu encontro com Marx e Freud*, 7ª edição, Zahar Editores, São Paulo, 1979.

________ *Ter ou ser?* 2ª edição, Zahar Editores, São Paulo, 1979.

ALARGAMENTO ORBITAL DA LITERATURA ESPÍRITA

MÁRIO BOARI TAMASSIA

TEMA, ENREDO E ALINHAVO

A literatura espírita não é fácil, como o conhecimento espírita não o é, tanto que Leon Denis, no Congresso de Paris, faz saber à ilustrada assembléia que os conhecimentos discutidos a este título eram mais do que religião, mais do que doutrina, mais do que ciência e dir-se-ia uma síntese de tudo.

A abrangência do Espiritismo é tão grande quanto Deus. Não cabe particularmente em buraquinho algum, não pode ser esvaziado, como desejava o menino fazê-lo com seu baldinho. Ele vai desde uma análise da partícula elementar ao desafio da teoria de hólon de Koestler, do anseio de integração das partes no todo à filosofia perene de Huxley, da experiência unitiva de Eckart aos deslizamentos continentais, ao black-hole, à anti-matéria, aos ufos, às sondas espaciais, a todo estofo biológico, da geoesfera à noosfera, do microcosmo ao macrocosmo.

Além daquilo que a ciência alcança temos de avançar a níveis do ultrafísico contínuo ao nosso, até "enésimas" dimensões, insondáveis; até certo ponto do caminho, amparando-nos na indução e depois em rasgos filosóficos. A "Evolução em dois mundos" de André Luiz nos mostra um pouco dessa vastidão de conhecimentos. No entanto, eu não diria "dois" mundos, mas incontáveis mundos que se interpenetram, gerando àqueles despreparados os famosos enigmas do Universo.

Para que estejamos em condições de expressar isto tudo, colocar essa pluralidade no Uno para uma concepções mais atual de Deus e depois descer às minudências da espantosa e rica fenomenologia, eis que somos criaturas capazes de possuir fé, religiosidade, amor crístico, humildade e ao mesmo tempo em condições de experimentar e testar os nosso próprios postulados.

O católico não se sente na obrigação de explicar a transubstanciação do corpo de Jesus na hóstia sagrada, mas nós temos de fazê-lo. Por esta razão, a tarefa de escritores e jornalistas espíritas talvez seja a maior de todos os nossos colegas de todo o mundo.

A LITERATURA ESPÍRITA

A literatura espírita é mais estimulante, também do que a literatura comum. Esta reflete emoções e se desenvolve em seus respectivos meios culturais. No momento em que a literatura se converte em beletrismo, torna-se repetitiva pelo fato de que, corporalmente falando, o homem, desde o Éden, se move principalmente à cadência de Eros e acaba caindo no poço de Tanatos. Vida, amor e, por fim, a morte.

Não há abertura, senão poética, para a vida integral. O escritor espírita poderá fazer a parte terrena e levá-la adiante. A própria beleza, como se nota na literatura moderna, perde a sua posição; Diana está morta, deixa de inspirar os homens e insuflar-lhes quietude ao luar para converter-se em globo sem vida, cheio de crateras, símbolo de uma solidão apavorante.

O literato espírita verá através deste corpo lunar compacto e descobrirá outras estradas no Cosmo invisível e impalpável.O Belo, pois, quase que à maneira de Platão, torna-se belo em si mesmo e aquilo que entre nós tomamos como belo é apenas um reflexo mutável, segundo os nossos órgãos perceptivos e a posição da luz e sombra diante do Sol Divino.

Talvez tivesse sido essa a razão de Flamarion ter sido mais um bardo do que astrônomo. Aliás, Pietro Ubaldi cria asas e se solta no espaço, razão pela qual não podemos pedir-lhe explicações demasiadas no terreno do relativo. A monumental obra de Teilhard de Chardin é toda um poema filosófico.

O UTILITARISMO

Se a pátria do literato espírita não tem fim, já um compromisso de origem ética e religiosa nos obriga a uma criatividade contida em propósitos de esclarecer e iluminar o nosso próximo. Quase todos nós, que estamos hoje escrevendo ativamente sobre Espíritos, fenômenos e nos atendo a ensinamentos da doutrina, em vidas passadas na maioria já fomos escritores "profanos".[2]

Conheço uma das figuras mais proeminentes da literatura espírita, portador de brilho invulgar, que foi Mme. De Stäel em existência passada, escritora de alta expressão e temida pelo próprio Napoleão. Tem de se conservar humilde e falar aos simples. Via de regra, nós já escrevemos muito e muito. Mas não construímos nada. Talvez que de toda a obra rutilante de Balzac se aproveite a "Seraphite", na qual romanceia Swedwnborg, sábio e vidente, que se desdobrava, visitava o Além e de lá trazia revelações, muitas das quais batem com as de André Luiz.

Tanto trabalhamos no campo da emoção, ou exploramos os cortiços da alma, colocamos no papel as imundícies dos submundos, desenvolvemos nossos pendores cáusticos em exageros, levados pelo desejo de crescer em notoriedade, que criamos clichês obsessores de nós mesmos. E aqui estamos, agora, para limparmo-nos. Nada de se tornar um grande nome, nada de querer que nos chamem de mestres, nada de abrir campo para a invasão microbiana de literatices.

Temos, pois, de em nossos escorços literários, sempre e sempre, de transmitir um ensino, iluminar uma alma, refrigerar o coração sofrido do leitor, levá-lo pelas mãos a olhar outros continentes do Espírito.

Mesmo que a produção seja inspirada e que saia de nós por um impulso incontido, sem que saibamos bem onde chegaremos, depois de retrabalhá-la, recheando-a nos pontos estratégicos, com a nossa doutrina. Esta não deve surgir como um dente postiço, mas como uma fonte de água que surge no caminho do viajor e forçosamente ele vai se refrescar nela e se dessedentar; a este tempo, parando, ele começa a perceber a luxuriante vegetação que o cerca, colhe um lírio branco e a sua alma passa a alimentar-se de enlevo e admiração espiritualizante.

Poderíamos até dizer que na literatura espírita, seja neste ou naquele gênero, e se se trata de romance, o enredo, a trama, a movimentação, a atratividade ao leitor apenas devem servir de *veículo*, como um xarope doce, para que a criança sorva o medicamento para a tosse.

Quando escrevi "A casa do Camilo", romance anti-apartheid, contra o segregacionismo a qualquer título, fiz uma obra a que denominei de ensaio romanceado doutrinário.

Se se trata de que estamos transmitindo fatos espíritas, importa que consigamos transmitir em dose homeopática ilações propiciadoras de enriquecimento filosófico espiritual. De nada adianta contar friamente fatos. Eles não levam o leitor a lugar algum. É mais uma passagem extravagante de ocorrências inusitadas, com significado para o mesmo, de menor importância do que a prestidigitação. Se no entanto nos adestramos, podemos com um desagradável e hor´rivel fenômeno de "poltergeist" em abertura para outras dimensões a até para as potencialidades, hoje ocultas do homem, do superhomem e de expressões barônticas, de modo a perceber que Deus é efetivamente o que enfeixa o equilíbrio e nos defende do caos.

E que poderemos dizer de um fenômeno de aporte? Rasgam-se a estruturas sólidas. E então fazemos que percebam que a nossa sala, onde falamos, é bem mais ampla do que aquela que se nos apresenta e também a nossa assistência é maior.

Por isto, quando Rhine ressuscitou a Parapsicologia e ela alvoroçou as mentes – e os eternos paraquedistas procuraram assaltar a cidadela espírita aproveitando-se da ignorância dos homens, tendo à frente entre nós o padre Quevedo – eis que de nossa parte sempre encorajamos, principalmente aos jovens, que a hospedassem, tratassem-na carinhosamente e, enfim, estudassem-na. Daí eu ter escrito, a pedido da mocidade espírita de Campinas, um opúsculo: "Noções elementares de Parapsicologia". Dei-lhe um tratamento didático, concluindo: "A Parapsicologia evidencia que o ser humano é mais do que um complexo carnal, pois possui faculdades extra-sensoriais. Evidencia, também, a sobrevivência da alma, pois se um homem pode ver sem olhos, ouvir sem ouvidos, já podemos admitir que, desligado da carne, pela morte, possa ainda ver, ouvir e se locomover melhor! A Parapsicologia, queira ou não, acabará descobrindo o Espírito. Como disse Howard C. Wilkinson, em reunião da Fundação para Pesquisa sobre a Natureza do Homem: "A própria oração do homem a Deus é uma forma de telepatia entre o Criado e o Criador".

UM PROJETO DE ALARGAMENTO

O Espiritismo teve a sua fase de polêmica, como aquela que ficou na história do iluminado Eurípedes Barsanulfo com os sacerdotes católicos em Sacramento. Também esse nosso patrono, Cairbar Schutel, o primeiro a usar da radiofonia para divulgar nossa doutrina e que manteve sempre em desafio, sem qualquer temor, diante mesmo de uma processão adrede preparada para perturbar os seus trabalhos. Que bagagem não construiu aquele que se chamou Carlos Imbassahy, sufocando os detratores do Espiritismo e, assim, legando-nos páginas tão ricas de elementos de convicção que teríamos de todos os dias, em nossos meios render-lhes culto permanente, em penhor de gratidão. Se a polêmica é útil, prepara o terreno, arrancando dele a tiririca para o plantio, por outro lado endurece a resistência como ocorre com os antibióticos e os bacilos.

Agora, urge desenvolver em nós, escritores e jornalistas, o mesmo espírito destes pioneiros, o mesmo ardor, a mesma tenacidade, o mesmo empenho em arranjar bibliografia, aqui e no exterior, com o afã de descobrir a forma de comunicação mais elástica e ao mesmo tempo mais pentrável, para colocar na cabeça dos outros, principalmente da nossa classe, de toda a classe mais pensante do país as nossas verdades.

E cada dia mais, temos encontrado campo para isso. Não podemos ler Jean Charon com o parâmetro do Livro dos Espíritos ou do Nosso Lar, a fim de decidir se devemos rejeitá-lo ou aprová-lo.

Evidente que o cientista não esteja campeando conosco. Mas se aquele físico teórico deu um notável passo para a "animização" da matéria, aproveitaremos em nossos escritos todos os seus argumentos para demonstrar que o psiquismo está em tudo. E que o Espírito talvez seja uma integração de psiquismos em estados psi-maior-autônomo.

Se prestarmos bem atenção veremos que professores catedráticos da Unicamp se inspiram muito nas consecuções de Charon para realizar, lá dentro da Universidade, reuniões abordando os fenômenos inusitados e espíritas, chegando por fim a promover a I Conferência Internacional sobre interação entre mente e matéria, mostrando pois a cientistas de gabarito e a um público letrado, que fenômenos espíritas não são aqueles de bruxedos e feitiçarias, mas algo importante, varinha de condão que pode fazer nascer fontes que expliquem o Universo por dentro.

Isto, no campo biológico, já sustenta Teilhard de Cahrdin, que em muitos pontos temos de endossar, principalemnte quando mostra que temos de ver todos os seres vivos, por dentro, pois que até as plantas têm uma porção de psique!

Nenhuma corrente no mundo se encontra em posição privilegiada como nós. Em sua obra "O Espiritismo e os problemas humanos", em nova edição pela USE Editora, Deolindo Amorim, em certo trecho, demonstra simpatia por um escritor que considerou o Espiritismo como tendo algum liame com o Positivismo de Auguste Comte. Evidente que se refere a enfoque e não à filosofia nihilista do mesmo, ou digamos, mais agnóstica que propriamente materialista.

De certo modo, podemos dizer que o Espiritismo se constitui num espiritualismo positivista ou concretista. Note-se que o Espírito para nós não é um epifenômeno; é ele natural, se enquadra na natureza e até mesmo, em certos níveis, se envolve em materialidade. Daí que Hernani Guimarães Andrade tenha escrito a sua obra-proposição de inegável valor: "A teoria corpuscular do espírito".

Trabalhamos com a razão, pelo que Kardec propugnava em termos uma "fé raciocinada". Submetemos ainda os fenômenos aos métodos de experimentação.

Ao mesmo tempo, não permanecemos nesse trabalho como bola de pingue-pongue. Nem nos abalançamos a nos tornar Ícaros com asas de cera. Criamos asas de grande envergadura e força para nos levar e nos reconstruir interiormente. Não trabalhamos só por fora do edifício, mas por dentro. E para que nos sintamos tranqüilos independentes de qualquer credo, adquirimos aquilo que Olivier Lodge chamou de convição, demonstrando-o cabalmente em "Por que creio na imortalidade da alma".

Temos, em nós, aquela fé no cristo. Esse Cristo, porém, podemos senti-lo maior do que aquele Cristo-Jesus dimensionado pelos seguidores da ortodoxia. Ele não está mais no altar, tampouco quer ser adorado. Talvez se apresente até nos próprios interstícios da matéria.

Os co-criadores de André Luiz, em "Evolução em dois mundos", geram em nós esta suspeita. Não estamos amarrados a qualquer dogma e a nossa religiosidade é a mais animadora e livre em todas as concepções que, até hoje, chegaram à Terra.

Quando nos trazem Sidarta Gautama, abrimos-lhe a porta com grande deferência. Entendemo-lo. Quando é Leo-Tse que nos fala em Tao-Te-King, ele é um nosso mestre, noutro tempo, noutra roupagem, falando chinês; mas entendemo-lo, também. Assim, no tocante a Krisna, em Bagavad-Gita.

É, a nosso ver, a maior graça que alcançamos nesta encarnação. "Conhecereis a verdade e a verdade vos libertará". Podemos tirar as sandálias e rendermos culto a Alá numa Mesquita.

O nosso preparo liberta-nos do sectarismo e passamos a ser aqueles que têm condições especiais de falar a todas as nações, para vivos e mortos, em nosso sistema solar ou em outras galáxias. Não afirmamos porque um livro sagrado nos legou esse ensinamento, mas porque sabemos.

Assim, os escritores e jornalistas espíritas têm uma responsabilidade bem acima daquela em que nos acostumamos, pois há um chamado para que principiemos a formar jovens programados para a tarefa de dar a todos os homens, sem ambages, uma explicação clara, positiva, sem sânscrito ou latim, o *sentido da vida*.

Hoje, a humanidade anda aturdida. Saint-Exupèry, autor de "O pequeno príncipe", disse que sempre buscou um sentido para a vida e não o achou; só veio a encontrá-lo na Guerra da Espanha, quando durante um entrevero entre forças adversárias em exibição de institntos sanguinários, eles pararam a batalha e todos correram numa direção: "Era um menino que se afogava. Naquele momento foram chamados pelo coração, atirando-se todos à água".

Se também nosso auditório planetário desejar um aval nosso, temos um coração indimensionável. Ele é trabalhado pelo Avatar do Amor, Jesus Cristo. E não só porque nos disse no Evangelho, mas porque vivemos diuturnamente o desengano dos que morreram estufados de ciência, dinheiro, beletrismo, pois o ser humano tem de crescer de forma horizontal, como em círculo que, espiraladamente, cada vez abrangesse mais gente. O Evangelho do Cristo tem um aspecto também biológico. Não podemos matar a vida sem que morramos com ela. Tampouco poderemos ter a veleidade de chegar ao céu sozinhos. Estamos habilitados a pregar o amor, utilizando várias imagens e, também, colocá-lo na natureza da biosfera ou nooesfera.

Agora sim, poderíamos comparecer no Agora ateniense, onde o apóstolo Paulo não se saiu tão bem. Para tanto, importa que os líderes do Espiritismo no Brasil compreendam isto e comecem a criar condições para que possamos falar mais facilmente aos gentios. Importa abramos brechas na grande imprensa, mas para tanto temos de aprender a escrever sem apelar para a nossa fé cristã, exclusivamente. Temos de trazer luz que todos possam aceitar, pois que o leitor não lê aquilo que possa lhe parecer já como uma carga de fideísmo de natureza que preconceituosamente rejeita.

Não vamos fazer prosélitos. Não convidaremos o mundo para ingressar e tomar assento em nossa mesa mediúnica, tampouco em nossos centros. Quando Chico Xavier esteve nos Estados Unidos, disseram os Espíritos "que não tínhamos condições de receber toda a gente da Terra". Também nosso amadurecimento espiritual deve ser tão elevado quanto desejamos que o nosso irmão também cresça, se destaque, adquira "bônus-hora", brilhe no écran dos grandes vultos do espiritualismo, mesmo que conservem os seus rótulos.

Vamos inocular em todos uma nova filosofia de vida. Que ocorra aquilo que me revelou um cidadão campineiro: "Sabe de uma coisa? Aqui em Campinas são relativamente poucos os que aderiram ao Espiritismo oficialmente, mas, curioso, noto que meus colegas, amigos, parentes, todo mundo pensa, age e reage como se fossem espírita".

SUBSÍDIOS PARA UMA CRÍTICA NA LITERATURA ESPÍRITA

NAZARENO TOURINHO

Como debatedor do painel 2 do Conbrajee-86, programado para tratar do tema *Literatura Espírita: teoria e história,* abordando especificamente, durante quinze minutos, o subtema *Literatura Espírita, aspectos teóricos* – sentido amplo e estrito, cumpre-nos discorrer sobre estas duas questões:

a) o que distingue uma obra (ficção, poesia ou teatro) espírita e uma não-espírita?

b) Como estabelecer padrões para uma crítica autêntica?

Tentaremos enfocar o assunto com superlativa objetividade, nos limites em que nos foi posto, tendo em vista a sua abrangência e fluidez.

Vamos logo ao que, segundo nos parece, interessa à atualidade do movimento espírita brasileiro.

PRIMEIRA QUESTÃO

O que distingue uma obra espírita de uma obra não espírita, em qualquer gênero literário, é o seu conteúdo filosófico, posto que o Espiritismo, em sua dimensão doutrinária é fundamentalmente uma filosofia de bases científicas e conseqüências morais ou religiosas (a polêmica quanto a este último detalhe não vem ao caso).

Sendo o conteúdo filosófico de qualquer obra o elemento de sua identificação com o Espiritismo, resta definirmos com exatidão, para efeito comparativo, quais os princípios essenciais da filosofia espírita, tornando-se dispensável justificar porque consideramos como filosofia espírita unicamente aquela que foi codificada por Allan Kardec.

Já verificamos, por esta premissa, que nenhuma obra é espírita simplesmente porque foi escrita por alguém investido na condição de espírita, ou publicada com o selo de uma Editora espírita, ou mesmo ditada psicograficamente, com absoluta autenticidade fenomênica, por entidades espirituais. Uma obra literária, de qualquer natureza formal, só é espírita quando transmite idéias conformes com os princípios gerais contidos nos volumes clássicos da codificação kardequiana, tenha ou não sido produzida com a intenção deliberada de servir às nossas crenças, seja ou não de autoria declaradamente espírita.

Quais os princípios filosóficos do Espiritismo?

Aqui reside o primeiro ponto mais relevante de nossa reflexão para distinguir uma obra espírita de uma não espírita.

Supomos que na filosofia codificada por Allan Kardec destacam-se pelo menos dez princípios, tão gerais quanto essenciais, distintos e ao mesmo tempo complementares, que não podem ser contrariados, no todo ou em parte, por uma obra espírita. Isto significa que a obra contestatória, ou mesmo apenas discordante, de um desses princípios, não é verdadeiramente espírita, embora como tal se apresente.

Acreditamos poder resumir da forma que segue os referidos princípios:

1) Deus existe como ser eterno, imutável, imaterial, único, onipotente, soberanamente justo e bom, inteligência suprema, infinita, criadora de tudo no universo;

2) Há um mundo espiritual, paralelo ao nosso mundo material, de certo modo a ele assemelhado e permanentemente com ele relacionado;

3) O ser humano é constituído por um Espírito, um corpo físico e uma organização semimaterial que liga a ambos, a qual chamamos perispírito;

4) O Espírito é uma individualidade imortal e evolutiva, podendo estacionar temporariamente na escala do progresso porém jamais podendo retroceder de estágio no processo do seu aperfeiçoamento que se faz em duplo sentido, intelectual e sentimental;

5) É através da lei da reencarnação que o ser espiritual cumpre o seu destino evolutivo;

6) A vida inteligente espalha-se no espaço universal, em regiões de erraticidade e em uma pluralidade de mundos habitados;

7) Todos os Espíritos, encarnados e desencarnados, são dotados de livre arbítrio para decidir sobre os seus atos voluntários;

8) Uma lei de causa e efeito confere a cada um, inevitavelmente, a conseqüência natural de suas ações;

9) Todos os seres humanos são sensíveis às influências dos Espí-

ritos, possuindo alguns a faculdade de manifestá-las em diversos e convincentes graus de nitidez;

10) A melhor moral para a nossa Humanidade é aquela que foi ensinada por Jesus.

Insistimos que esse é o primeiro ponto mais relevante da reflexão que ora fazemos, porque circulam em nosso meio muitas obras bem intencionadas , e às vezes bem urdidas literariamente, que podem até ostentar alguns valores assimiláveis, mas que na realidade não são espíritas, porque se apregoam este ou aquele dos princípios kardequianos, depreciam, distorcem ou adulteram outros, semeando deplorável confusão doutrinária.

Uma obra, por exemplo, que direta ou indiretamente forneça uma concepção panteísta da divindade, colocando a sua imanência na criação sem admitir a sua transcendência, não é espírita e se afigura até anti-espírita por retirar de Deus os atributos que lhe são dados pela filosofia kardequiana; também não é espírita uma obra que deponha contra os fenômenos da mediunidade, que subestime a reencarnação, que catolicamente faça apologia da graça em detrimento da lei de causa e efeito, e assim por diante, tanto quanto não é espírita, por motivos óbvios, uma obra que revele falta de bom senso, lógica e racionalidade.

Torna-se oportuno atentarmos para uma sutileza: uma obra, para ser espírita, não precisa expor ou defender todos os princípios do Espiritismo, posto que isso nem sempre é adequado ou possível. Mas precisa expor ou defender algum dos nossos princípios em apoio aos outros, de vez que todos eles – pelo menos os dez há pouco mencionados – se integram inseparavelmente, num corpo doutrinário de harmônica unidade.

O que distingue, pois, uma obra espírita, de qualquer feitio doutrinário, de uma obra não espírita é a mensagem que ela transmite, o seu conteúdo filosófico e não a sua expressão formal.

SEGUNDA QUESTÃO

O estabelecimento de padrões para uma crítica espírita autêntica talvez seja uma tarefa fácil, o difícil será o exercício de tal crítica no que tange ao QUEM e ao COMO.

Vejamos esse problema didaticamente.

A primeira função da crítica espírita autêntica, ou seja, a crítica lúcida e honesta, que se não confunde com a crítica parcial e louvaminheira, incensadora de vaidades, é identificar a nível de literatura "lato sensu", em sentido amplo, as obras que são verdadeiramente espíritas e as que são apenas pretensamente espíritas, para que os nossos companheiros menos esclarecidos saibam o tipo de proposta doutrinária com a qual lidam. Para tanto, salvo melhor juízo, bastam os critérios de avaliação filosófica que levantamos, sujeitos, obviamente, a pequenos reparos ou acréscimos.

A segunda função da crítica espírita autêntica é julgar, a nível de literatura "stricto sensu" em sentido estrito, as obras que formam o nosso patrimônio doutrinário em vários segmentos culturais, para aferir a qualidade das mesmas, a fim de que os confrades menos atentos saibam apreciar corretamente aquilo que lêem e aquilo que escrevem e divulgam. Os critérios de avaliação, quanto a isso, haverão de ser respaldados nos princípios da Lingüística e da Estética, embora não necessitem ser tão sofisticados a ponto de se perderem em cogitações de fundo filológico e hermenêutico.

Mas é evidente que a crítica espírita autêntica, presumivelmente de fácil elaboração teórica, não pode se abstrair, na prática, do problema ético e aqui entra a dificuldade do seu exercício: *quem vai julgar e como deverá ser feito o julgamento?*

Um crítico emite juízos de valor sobre uma obra, afetando favorável ou desfavoravelmente o seu conceito público e alterando-lhe, assim, a taxa de utilidade, pelo menos durante algum tempo.

Como os juízos de valor são de ordem subjetiva, sempre discutíveis ao sabor de controvérsias, o primeiro questionamento a ser formulado relativamente ao crítico refere-se à origem de sua autoridade, o segundo toca à solidez da mesma. No primeiro questionamento é lícito indagar, sob pena de suspeição, se o crítico é tão espírita quanto o autor da obra que ele critica, momento no caso de julgamento condenatório, fato que somente poderá comprovar com serviços prestados à causa. No segundo questionamento importa apurar, agora sob pena de total rejeição, se o crítico, qualquer que seja o teor do seu julgamento, tem real competência para o delicado empreendimento a que se propôs, o que só poderá demonstrar através de conhecimentos especializados de grande amplitude.

Ressalta, ainda, na problemática ética da crítica espírita, o COMO ela deve ser efetuada, pois será edificante ou destritiva na razão direta não apenas da sua clareza e judiciosidade, mas também na razão direta da sua cordialidade respeitosa ou da sua maledicente acidez.

Sob o aspecto puramente literário, que se nos parece suplementar ao filosófico, não obstante digno de toda a consideração, e portanto jamais desprezível, a crítica espírita autêntica, principalmente das obras de ficção (poesia, romance, teatro, conto etc.), nas quais o pensamento e a emoção devem se expressar artisticamente, necessita ser tão realista quanto equilibrada para cumprir eficazmente sua função orientadora.

Existem infelizmente em nossa literatura doutrinária numerosas obras, de publicação recente e antiga, de chocante primarismo técnico que vai desde a extrema pobreza de sinonímia até a ingênua construção fraseológica, passando por desastrados tropeços estilísticos entre solecismos, pleonasmos e barbarismos, sem o menor resquício de beleza, de graça ou de originalidade. Nelas, em vez de imagens sugestivas e metáforas inteligentes, o leitor só encontra o lugar-comum em monótonas repetições, quando não o plágio.

Não se espera que os autores espíritas, produzindo obras por amor, sem interesse ou responsabilidade profissional, sejam artistas requintados, mas já é tempo de se esperar que sejam suficientemente zelosos em suas produções, justamente por devotamento ao ideal no qual se inspiram, pelo que têm a obrigação não apenas de aceitar a crítica fraterna e sensata mas, ainda, de aproveitá-la a benefício do aprimoramento pessoal.

Pelo exposto, concluímos a abordagem das duas questões submetidas ao painel 2, do Conbrajee-86, sob nossa coordenação, oferecendo ao debate dez idéias, a seguir alinhavadas:

1) Uma crítica autêntica, dentro da literatura espírita, é necessária em face da situação que o nosso movimento doutrinário enfrenta;

2) Embora deva a mesma ser livre para todos e jamais bloqueada, é desejável que o seu exercício preferencial fique com pessoas intelectualmente competentes e respeitáveis por serviços prestados à causa;

3) Em plano geral sua função será a de alertar os confrades pouco atentos para distinguirem, das obras verdadeiramente espíritas, aquelas que são apenas pretensamente espíritas, sobretudo as que, endossando alguns postulados kardequianos, direta ou indiretamente depreciam princípios essenciais da filosofia que abraçamos;

4) Para tanto precisará levar em conta o conteúdo doutrinal que tiverem e não o seu brilho literário;

5) No plano particular a função da crítica espírita autêntica será a de avaliar, com base nos princípios da Lingüística e da Estética, as obras de nosso acervo doutrinário, a fim de que os companheiros

menos ilustrados saibam apreciar corretamente aquilo que lêem, que escrevem ou que divulgam;

6) Em ambos os planos, a crítica espírita deve ser praticada de forma ponderada e amistosa, nunca resvalando para ataques pessoais nem para endeusamentos;

7) Deverá ser realista, para ter credibilidade inclusive fora do nosso ambiente;

8) Não deverá, contudo, ser rigorista, pois a produção literária e artística, em nosso meio, é amadora e não profissional;

9) Todos nós, os espíritas que produzimos obras literárias e artísitcas, temos a obrigação não somente de aceitar uma crítica autêntica, mas, ainda, de aproveitá-la para o aprimoramento do nosso trabalho;

10) Finalmente os demais espíritas ligados ao assunto, que por ele não tomam o menor interesse, devem pelo menos deixar de pensar que estamos obsidiados!...

Nota: em anexo um glossário que organizamos despretenciosamente, por nos parecer tão útil quanto elementar para alguns confrades ainda sem qualquer noção de crítica literária.

GLOSSÁRIO

ESCOLAS LITERÁRIAS (ALGUMAS)

Romântica: rompeu com o estilo e as regras clássicas no início do Século XIX; assumiu o lirismo pelo predomínio da sensibilidade e da imaginação sobre a razão, e pelo individualismo.

Parnasiana: reagiu contra o lirismo do romantismo e se distinguiu pelo esmero da forma, às vezes levado ao escesso.

Simbolista: voltou-se contra os parnasianos em fins do Século XIX, procurando exprimir as afinidades secretas das coisas com a nossa alma, valorizando os ritmos e os sons em versos livres, com uma visão do mundo subjetiva e simbólica.

FIGURAS VERBAIS OU TROPOS

Tropo: emprego de uma palavra em sentido figurado.

Metáfora: tropo em que a significação natural de um vocábulo é substituída por outra, em virtude da relação de semelhança subentendida.

Catacrese: aplicação de termo figurado por falta de termo próprio. Exemplo: os "braços" da cadeira, o "pé" da serra etc.

Onomatopéia: criação de uma palavra que imita nos seus elementos sonoros o objeto singnificado. Exemplo: "gluglu", "tiquetaque" etc.

Metonímia: tropo que consiste em designar um objeto por uma palavra designativa de outro objeto que tem com o primeiro uma relação de causa e efeito, de continente a conteúdo, de todo a parte; o mesmo que transposição. Exemplo: "trabalho" em lugar de "obra"; "comer bons pratos"; "vela" em vez de "embarcação" etc.

Sinédoque: tropo fundado na relação de compreensão mediante o qual se emprega o todo pela parte, o plural pelo singular, o gênero pela espécie etc. ou vice-versa. Exemplo: "com os olhos no horizonte do oriente"; "os Platões, os Vieiras"; "os mortais" em vez de "os homens"; "vi muito quadro bonito".

Metalepse: figura em que se toma o antecedente pelo conseqüente e vice-versa. Exemplo: "eles viveram" por "eles estão mortos"; "surgiram as flores" por "é primavera".

Antífrase: emprego de uma palavra em sentido oposto ao verdadeiro.

FIGURAS DE PENSAMENTO

Hipérbole: figura que engrandece ou diminui exageradamente a verdade das coisas.

Ligotes: modo de afirmação por meio da negação do contrário.

Apóstrofe: interrupção que faz o orador ou o escritor, dirigindo-se a coisas ou pessoas reais ou fictícias; interpelação direta e inopinada. Exemplo: "Deus! Ó Deus! Onde estás que não respondes!".

Prosopopéia: figura que dá vida, ação, movimento e voz a coisas inanimadas, e põe a falar pessoas ausentes ou os mortos; personificação.

Epifonema: exclamação sentenciosa com que se termina um discurso ou narrativa.

Perífrase: rodeio de palavras; circunlóquio.

FIGURAS DE DICÇÃO

Aférese: supressão de letra no princípio da palavra. Exemplo: "te" por "até".

Prótese: aumento de uma letra ou sílaba no princípio da palavra, sem mudar o sentido da mesma. Exemplo: "alevantar" por "levantar".

Paragoge: adição de letra ou sílaba no fim de uma palavra. Exemplo: "mártire" por "mártir".

Epítese: mesma coisa.

Síncope: supressão de fonema ou fonemas no interior das palavras. Exemplo: "mor" em vez de "maior".

Apócope: supressão de fonema ou sílaba no fim da palavra. Exemplo: "mármor" por "mármore", "bel" por "belo"; "mui" por "muito".

FIGURAS DE CONSTRUÇÃO

Pleonasmo: redundância de termos. Às vezes um recurso legítimo para dar à expressão mais vigor ou clareza. Exemplo: "vi com estes olhos".

Hipérbato: transposição ou inversão da ordem natural das palavras ou orações. Exemplo: "Do que a terra mais garrida teu risonho, lindo campo tem mais flores".

Elipse: omissão de uma ou mais palavras que se subentendem.

DIVERSOS (REFERIDOS NO TRABALHO)

Solecismo: erro de sintaxe.

Barbarismo: vício de linguagem que consiste em erro na pronúncia, na grafia, na forma gramatical ou na significação. Exemplo: "pégada" em lugar de "pegada"; "expontâneo" em vez de "espontâneo"; "a" telefonema em vez de "o" telefonema; "lutulento" na acepção de "lutuoso".

Filologia: ciência que considera as obras literárias e as línguas no ponto de vista da erudição, da gramática etc.

Hermenêutica: interpretação do sentido das palavras, leis etc.

LITERATURA ESPÍRITA

CARMEN BARRETO

PREÂMBULO

A palavra literatura é um termo que possui dois significados intimamente ligados entre si: o vocábulo origina-se do latim *literae* (letra) que deu origem ao termo propriamente, *litteratura, ae* (belas letras), ainda em latim. Dessa raiz encontramos em francês o termo *lettre* (carta) e no nosso idioma os dois vocábulos *letra* e *literatura*.

No primeiro sentido representa uma das sete artes clássicas, da antiga Grécia, ou seja, a arte de escrever bem, dividindo-se em prosa e verso.

No segundo sentido, ora empregado, usa-se para definir um conjunto de trabalhos literários de uma Escola, uma época, um país etc. e, no nosso caso, os escritores referentes ao Espiritismo.

Como as nossas cogitações não se prendem à História da literatura nem às transformações morfológicas da palavra, limitamo-nos, neste preâmbulo, somente à localização da origem do termo a fim de nos posicionarmos no assunto.

1. INTRODUÇÃO

A literatura espírita pode ser dividida em dois grupos: mediúnica e não mediúnica.

Tem-se como literatura mediúnica todo e qualquer trabalho escrito cuja fonte de pensamento e informações seja um Espírito ou criatura desencarnada que, para isso, recorre a uma variedade de formas mediúnicas, tais como a escrita direta (raríssima), a intuitiva, as sessões de tiptologia (mesas girantes), os copos ou cestas sobre quadrante de letras e, principalmente, a psicografia mecânica.

O processo, embora diversificado, envolve em si a presença de um médium que, como o nome indica, serve de intermediário entre a entidade espiritual desencarnada e nós e expressa puramente a idéia desta última, embora, conforme o processo mediúnico empregado, o próprio médium possa interferir, quer voluntária, quer involuntariamente no pensamento que esteja sendo transmitido.

Por decorrência, a literatura não mediúnica é aquela que só depende do escritor encarnado, embora isto não afaste a possibilidade, muito comum, da presença de um amigo ou Espírito qualquer (vulgarmente designado como guia) atuando e ajudando intuitivamente aquele que esteja produzindo sua literatura.

2. CONCEITOS BÁSICOS

Literatura mediúnica – Para o Espiritismo ela é de suma importância pois foi através das comunicações que Allan Kardec recolheu os subsídios para codificar a doutrina que, por isso foi chamada de Doutrina dos Espíritos.

Todavia, isso não significa que fiquemos restritos a ela e só tenha valor aquilo que nos venha transmitido por meio de comunicação mediúnica.

O nosso organismo necessita de álcool para determinadas funções e disso se servem certos beberrões para justificarem sua satisfação pelo uso abusivo das bebidas etílicas; a natureza, porém, mostra-nos que o próprio organismo sabe suprir-se da quantidade essencial de qualquer substância que ele precise, retirando, por exemplo, o álcool das frutas que ingerimos. Também assim deve ser o uso da literatura mediúnica: dosada essencialmente ao necessário e a própria espiritualidade, na sua sabedoria, é capaz de nos prover dentro da medida exata ao nosso conhecimento.

Literatura não mediúnica – Vivemos num planeta onde encarnamos após períodos intermediários na Espiritualidade, entre cada vida terrena. Isso nos leva a admitir que a fase encarnatória é essencial ao progresso espiritual de cada um; faz parte, mesmo, das conclusões filosóficas da doutrina que seguimos. Portanto, somos forçados a admitir que esses vínculos de existência têm uma justificativa muito maior do que possamos imaginar e, durante todo o período encarnatório, as leis da natureza nos mostram que o importante é a vida terrena para que dela possamos tirar os proveitos essenciais à evolução espiritual.

Tanto assim é que durante a fase encarnatória nos é tirada a lembrança das vidas passadas e da forma de existência que levávamos –

a Espiritualidade. É-nos, ainda, fixada a obrigação de lutar para sobreviver, para construir o progresso do mundo pelos nossos próprios esforços e mais, lutarmos para que esse progreso se realize.

Obviamente, é uma conclusão imediata termos que admitir que a Doutrina dos Espíritos só terá valor para o homem encarnado se a ela nos dedicarmos com todo o esmero que o mundo exige, para a perfeição de seus componentes. Disso decorre concluir-se que não podemos ficar limitados à literatura mediúnica, de braços cruzados, sem esforços e sem luta; se assim agirmos, a doutrina não progredirá com os homens – e apesar dos homens – como previa seu codificador.

3. A IMPORTÂNCIA DA IMPRENSA ESPÍRITA

Na era em que vivemos, onde predominam os interesses, os veículos de comunicação, de um modo geral e normal, são manipulados de forma que atendam às finalidades para as quais foram criados. Por outro lado, lutamos tenazmente contra correntes de pensamento que se opõem veementemente à divulgação do Espiritismo quer no plano material da existência, quer do plano espiritual onde falanges inimigas atuam procurando desencadear a desarmonia e a falta de entendimento em nosso meio.

Tudo isso mostra que o Espiritismo encontrará, enquanto durar essa fase, uma barreira enorme contra sua divulgação através dos meios normais, ditos profanos, da nossa imprensa. Isso nos leva à necessidade de construir nossas editoras e imprimir nossos jornais.

Essa necessidade é premente não só para atender à própria comunidade espírita como ainda aos que mais necessitam de nossa leitura, que são aqueles que, por não militarem no meio doutrinário, carecem e são ávidos de maiores conhecimentos. Nosso recado deve ter por objetivo uma plêiade de leitores os mais diversos, independentemente de serem ou não praticantes ou conhecedores do Espiritismo.

Se o próprio meio espírita não cuidar para prover os leitores da literatura espírita que leve a eles o conhecimento doutrinário sadio, dificilmente encontrarão outro meio para atendê-los, daí a incondicional e imperiosa necessidade de existir a Imprensa Espírita.

O PAPEL DA IMPRENSA ESPÍRITA

Cabe àqueles que se encarregam da divulgação doutrinária o papel de levar ao conhecimento de seus leitores não só os ensinamentos básicos para conhecimento do Espiritismo como ainda induzi-los à conduta certa, dentro dos preceitos reencarnacionistas, para a reforma íntima e automaticamente, para o progresso de todos.

Nessa linha de conduta é essencial que os responsáveis pela divulgação doutrinária estejam aptos em técnica e conhecimento para fazê-la. Defende-se pois a necessidade de se ter jornalistas formados, escritores letrados, conhecedores de um modo geral que possam se transformar em literatos à altura de qualquer outro escritor do idioma, enfim, pessoas cujo lastro de conhecimentos seja compatível com sua tarefa.

É essencial que nossos jornais possam competir em qualidade com qualquer outro, pelo menos na técnica, que nossos romances sejam escritos com a força de um literato capaz de resistir às mais duras análises dos críticos especializados, independentemente de doutrina, enfim, que os demais escritores estejam à altura dos assuntos que abordem.

A CRÍTICA

É comum vermos e ouvirmos alguns doutrinadores falarem que não devemos manter polêmicas, que é antifraterno combater as idéias dos outros e que não é cristão, porque falta à caridade, criticarmos o nosso semelhante.

O próprio Kardec foi um crítico por excelência e foi através dessa conduta que ele acabou sendo levado a admitir a veracidade das comunicações espíritas.

Não se pode, pois, concordar com tais afirmativas de que não é cristã a atitude de crítica – é lógico, a crítica construtiva – pois, além de tudo, ela faz parte obrigatória do espírito de seleção. Nossos meios de divulgaçãio precisam desta seleção, pois, caso contrário, mesmo havendo, já existe tanta aberração publicada, imaginemos se se permitisse que tudo o que fosse trabalho escrito *em nome da caridade e do amor cristão* saísse a lume, o que não seria um jornal espírita!

4. RESUMO

Da análise feita, podemos concluir que é indispensável a existência de uma Imprensa Espírita própria para divulgação da doutrina, que a ela tenham acesso todos os que saibam escrever e principalmente estes, porém, com conhecimento e cultura doutrinária capaz de transmitir a pureza do nosso estudo. Que esta Imprensa Espírita possua trabalhos mediúnicos mas que não se esqueça de que o grande mérito nosso tem que ser desenvolvido pelos encarnados, logo, a literatura não mediúnica é mais do que indispensável.

Podemos ainda concluir que deva existir seleção nas publicações espíritas para que não divulguemos trabalhos cujo valor seja duvidoso ou cujo teor não seja compatível com os ensinamentos codificados e com a verdade (embora esta seja muito relativa ao próprio conhecimento humano).

Enfim, que devemos ter técnicos habilitados para elaborar esta imprensa a fim de que ela esteja à altura da divulgação de nossa literatura.

5. *CONCLUSÃO*

Existe uma Literatura Espírita bem definida, contendo romances, estudos e ensaios, crônicas e trabalhos literários variados cuja finalidade precípua seja a de difundir o Espiritismo, seus conceitos e fundamentos, bem como transmitir conhecimento a seus leitores.

Essa literatura tanto pode ser mediúnica como não, sendo que o trabalho de mensagens deve se restringir ao essencial e nunca abusivo. E mais, que o papel primordial da elaboração da literatura para encarnados tem que ser feita pelos próprios encarnados, tal é o mérito do nosso trabalho, o que nos leva a admitir que o papel do escritor espírita encarnado é preponderante dentro do processo encarnatório.

MANIFESTO DA POESIA ESPÍRITA

DORA INCONTRI

"...há dois tipos fundamentais de música espírita: a que Bozzano chama de *música transcendental* e que tem a sua origem no mundo dos Espíritos, só se tornando acessível a nós através da mediunidade, e a que pertence ao mundo dos homens e é produzida por músicos espíritas. "Essa divisão fundamental é importante, pois existe em todos os campos da atividade espírita e geralmente não é compreendida pelos que desconhecem a doutrina. Tratando de Literatura Espírita, há alguns anos uma escritora paulista louvou um colega espírita que havia assinado suas obras ao invés de atribuí-las aos espíritos`. Isso levou os espíritas a promoverem um breve Curso de Literatura Espírita na Biblioteca Municipal, a fim de esclarecerem que existe a *literatura mediúnica*, feita pelos Espíritos através dos médiuns, mas existe também a *literatura espírita* feita por escritores espíritas". (J.Herculano Pires – nota 59, Obras Póstumas de Allan Kardec.)

De lado, a poesia mediúnica, por momento. Ela é um *affaire* dos Espíritos. Cabe-nos aceitá-la quando boa, rejeitá-la quando má. Aperfeiçoando instrumentos de captação. Mas, e a poesia nossa? Dos homens da Terra?

"O verme é verme; torna-se bicho da seda, depois borboleta. Que há de mais aéreo, de mais gracioso do que uma borboleta? Então! A arte pagã é o verme; a arte cristã é o casulo; a arte espírita será a borboleta". Alfred de Musset (Revista Espírita, dezembro de 1860.)

É dos espíritas a missão de tecer a borboleta com as cores da própria alma. Originalmente. Sem as teias do lugar-comum, do kitsch: "A aurora púrpura despontava no horizonte...". "As benesses do Além em chuvas de ouro...". Sem a basófia da doutrinação. Arte, especificamente, poesia, não é discurso, argumento, conclusão. É captar o indizível e traduzi-lo de forma única, pessoal, irrepetível.

Distinga-se a Doutrina Espírita da Poesia Espírita. A doutrina é lógica, fundada em fatos. Científica. Comprova-se a cada passo. Explica-se sem cessar. Cartesianamente. A poesia transcende a razão. Não prega. Assume a cosmovisão espírita. O poeta embebe-se nela. E numa simbiose perfeita, essa ser espírita, que é o próprio poeta, expande-se nas entrelinhas, nos versos, nas metáforas, no todo – forma e conteúdo. Nada pré-intencionalmente espírita. Mas essencialmente espírita.

Porém, esse ser – essência espírita – não é apenas espírita. É ser universal. Não pode deixar de incorporar seus milênios individuais, coletivos. Que filósofo pode pensar sem os filósofos que o precederam, seja para concordar, seja para se opor? Que poeta conseguiria poetar sem referências? A arte é encadeamento no tempo, embora esteja além do tempo.

Para isso, não servem as fontes mediúnicas. Ler "Parnaso de Além-Túmulo" e ser poeta?! Não que a poesia não seja inata. É. Mas requer cultivo. Como todos os dons e todas as artes. As técnicas universais, sua evolução. Então, criaremos escola. A Literatura Espírita. Não poesia parnasiana espírita. Expressão única. Reconhecidamente arte. Não apenas doutrinações em verso.

Mas, técnica não quer dizer rima perfeita/imperfeita. Gramática arcaica. Pomposidade obsoleta. E sim, ritmo novo. Vertentes modernas. Liberdade original. Desierarquização da linguagem. Através dela, o impalpável, o belo. Assim, como nesse poema de Cyro Pimentel:

Há em mim um deus dançante
Que ansiando infinito
Grita intenso no azul.

Ocultos no bosque noturno
Corpos ensaiam à morte.
E antes que as árvores desnudem abril,
Silenciarão outonos vôos de sono.

Perto vagueiam luares
Distâncias suspeitas
De estrelas que caem,
Exatas muralhas, cabelos de sonho.

Creio, todo o bosque é um convite.
Nas brumas as almas se evadem
E corpos se encontram am pátrias distantes.

Adeus, longínquos caminhos de anjos.
Vem, ó morte, criança adormecida,
Com teu sono vestal
Seduzir flores estelares
Deste ser expatriado.

Prossigas, alma, aos verdes espaços.

Grata exceção. No céu vazio da poesia espírita. Até agora, só exceções ultrapassam as fronteiras da mediocridade. Uma medíocre – idade. Riminhas em –ade. Humanidade/ caridade/ bondade/ humildade. Em sonetos grandiloquentes ralos. Sem citar ninguém, imitando:

Deus é o farol da pobre humanidade,
Que entre os escombros de sua vã miséria,
Vai, inda presa às sombras da matéria,
Buscando a luz do amor e da bondade!

Veja-se a exceção. O mesmo tema, poeticamente. Herculano Pires:

SIGNO

Avanço para ti
Como um turbilhão.

Soltando abismos
Rompendo planícies
Cantando u bramindo
Arrasto minhas águas
Em vagalhões de espumas e de estrelas.

No silêncio das distâncias
Como um signo
Tu me esperas.

Por que fica a maioria no "farol da pobre humanidade"? Respostas: anemia cultural, já falada acima. E distância do eu. O poeta tem de se confessar. Humildemente, desnudar-se. Sem banca de doutrinador de cátedra. Tem de liberar o "deus dançante". Ser médium de si. E de todas as harmonias com que sintoniza. Antena do ser. Não um eu de fora. Definindo friamente, palavrório vão.

Deixemos de emmanuelismo kitsch, em prosa e verso. Emmanuel é Emmanuel, respeitável Emmanuel. Grande, ele mesmo. Nós somos nós. Poetas para compartilhar, não para instruir. Filosofia e Ciência ensinam o cérebro. Poesia é linguagem da alma. Fecunda o coração. Num iluminar instantâneo. Mas, só o belo é clarão. E o belo é único, superior, se escondendo atrás das palavras. Entrelaçadas transparentemente, para que a luz se insinue. Sem o peso dos conceitos. Sem arrogância de mestre. Apenas com a ternura palpitante da vida.

Empresto-me
Acima.
Calo meu corpo.
E modelo a procissão
De vozes e de flores.
Tecendo minhas mãos fluidas.
E, cumpro-vos, irmãos, poemas-travessia
Vazando os barrancos de mim.

ANÁLISE DAS CONTRIBUIÇÕES CIENTÍFICAS NA LITERATURA ESPÍRITA NÃO MEDIÚNICA

NEY PRIETO PERES

"O Espiritismo é uma ciência que trata da natureza, origem e destino dos Espíritos, bem como de suas relações com o mundo corporal." (A. Kardec – O que é o Espiritismo – Preâmbulo – Ed. FEB, 1945.)

"O Espiritismo é uma ciência cujo fim é a demonstração experimental da existência da alma e sua imortalidade, por meio de comunicação com aqueles aos quais impropriamente se tem chamado de mortos." (Gabriel Delanne – O fenômeno espírita – Ed. FEB, p. 9.)

INTRODUÇÃO

Embora não seja nosso propósito discutir a questão do Espiritismo como Ciência ou Religião, trazemos em consideração a seguinte indagação: de que se tem ocupado o Espiritismo, em nossos dias, no que diz respeito ao seu caráter científico? Melhor dizendo, das demonstrações experimentais da existência da alma, sua sobrevivência e suas relações com o mundo corpóreo?

No Espiritismo, atualmente, são quase inexistentes a realização de trabalhos com rigoroso critério científico e que goze de respeitabilidade na comunidade científica. Os institutos de pesquisas dos "fenômenos psi" que se fundaram e prosseguem, inclusive no Brasil, buscando reunir casos que evidenciem a existência do Espírito, sua sobrevivência, renascimento e ação sobre o mundo físico, o fazem dentro dos parâmetros que a Parapsicologia estabeleceu, admitida como foi, a partir de 30 de dezembro de 1969, pela Associação Americana para o Avanço da Ciência, a sua filiação como Ciência.

O que se vem realizando de pesquisas relacionadas ao Espírito está direcionado à Parapsicologia, tem seu nome, portanto, dentro da sua área até como tentativa de fazer matéria de seu interesse, mesmo admitindo-se como intromissão indébita aos limites dos fenômenos por ela circunscritos, já bem determinados, como sejam: telepatia, clarividência, precognição e psicocinesia.

Devemos admitir tranqüilamente que estes Institutos no Brasil ou no Exterior, até para se manterem longe das críticas que venham invalidar os seus esforços, receiosos de não serem aceitos pela exigente e preconceituosa comunidade científica, ou mesmo para seguirem uma diretriz isenta de conotações a convicções religiosas, delas se desvincularam apesar de serem conduzidos por muitos espíritas, rosacrucianos, esoteristas ou católicos, como alguns em funcionamento dirigidos por sacerdotes dessa última corrente religiosa.

Falam eles em nome da Parapsicologia, o que lhes dá foros de ciência, mas torcem as interpretações dos fenômenos ao sabor das suas posições religiosas.

Apesar do Espiritismo ter caráter científico não foi ainda reconhecido oficialmente como Ciência, e assim não podemos afirmar que ele seja uma Ciência estabelecida com sua área demarcada, seu objeto, método próprio e universo fenomênico definido.

Poderá, no entanto, vir a ser o Espiritismo reconhecido oficialmente como ciência?

A resposta sendo afirmativa questionamos: que sociedade em nome da Ciência dará a chancela?

No caso da Parapsicologia nos Estados Unidos foi a Associação Americana para o Avanço da Ciência. A filiação foi dada à Parapsycological Association. Qual seria, em relação ao Espiritismo, a Associação a postular o seu reconhecimento?

Seria, então, nesse caso o seu pedido de reconhecimento encaminhado à Sociedade Brasileira para o Desenvolvimento da Ciência?

A Parapsicologia trata exclusivamente dos fenômenos atribuídos ao próprio homem como organismo biológico sem levar em conta o seu componente espiritual. A Parapsicologia encampa os fenômenos anímicos e não considera os que possam ser obtidos por interferências dos Espíritos, muito menos trata da sobrevivência deles.

O prof. Valter da Rosa Borges, em seu trabalho: "Demarcação das Áreas Paranormal e Mediúnica: seus aspectos nas Religiões e na Medicina", apresentado no I Simpósio Brasileiro de Parapsicologia, Medicina e Espiritismo, realizado em 26 de outubro de 1985, na cidade de São Paulo, propõe como área própria do Espiritismo, na qualidade de postulante à Ciência, a investigação da sobrevivência, que pode ser demonstrada pelas hipóteses: a da comunicação mediúnica e da reencarnação. E conclui, no final do citado trabalho: "Assim, demarcado, o território científico do Espiritismo, poderá ele estabelecer relações interdisciplinares com outras ciências, como a Parapsicologia e a Medicina, na investigação de fenômenos físicos, psíquicos e orgânicos que não possam ser atribuídos à ação de fatores naturais e paranormais, mas, de maneira mais razoável, à atuação de um agente inteligente extracorpóreo. Adquirido o status de ciência, o Espiritismo poderá especular, de maneira mais profunda e sistemática, os intrincados problemas da religião e da filosofia, devassando com maior ousadia e imaginação os aspectos mais complexos da própria realidade".

Ainda muito precisamos caminhar e produzir, reunindo pesquisas, estudos e análises dos fatos mediúnicos, dentro dos padrões exigidos pelos requisitos científicos, para grangear a condição de postulantes à Ciência.

Lançando uma vista d´olhos em nossa volta verificamos nas produções literárias espíritas de hoje, de fontes não mediúnicas, com raríssimas exceções, uma lacuna entristecedora de contribuições pautadas dentro desses requisitos. Embora voltadas para o nosso público não exigente, ao exame da razão crítica, pouco se salva dos seus conteúdos.

O que não dizer da enxurrada de artigos, ocupando espaços dos periódicos espíritas, que ilustram e comentam fenômenos mediúnicos com nítidas posições, muito mais de defesa e considerável partidarismo, do que isenção e seriedade de propósitos, distorcendo e deformando as próprias estruturas do pensamento científico, solidamente erguidas pelo prof. Allan Kardec, na edificação da Doutrina dos Espíritos.

AS EVIDÊNCIAS CIENTÍFICAS

É muito grande o acervo de fatos investigados por homens de reconhecida idoneidade científica, muitos deles amparados por Universidades e Institutos de enorme respeitabilidade no mundo das Ciências, que evidenciam os princípios básicos do Espiritismo.

Apesar desses trabalhos não se realizarem dentro de instituições espíritas, nem estarem rotulados como tal, trazem sua contribuição às teses do Espiritismo.

Reunir, hoje, todos os esforços já aplicados em significativas pesquisas de fatos que evidenciam a existência do Espírito, dos campos estruturadores biológicos, da sobrevivência após a morte, do mundo dos Espíritos e de suas relações, da comunicabilidade deles e de suas ações sobre os vivos, da reencarnação e suas aplicações, das faculdades mediúnicas e dos fenômenos objetivos delas decorrentes, estudados, analisados, apenas nesse último século, reunir todos os registros e publicações dessa ordem de trabalhos seria tarefa dificílima pelo incontável número de contribuições existentes em todo o mundo literário.

Incorporar esse acervo de fatos e experiências bem conduzidas ao Espiritismo, relacionando-os criteriosamente aos seus postulados e fundamentando neles as revelações trazidas a partir da década de 1850 é, a nosso ver, obra gigantesca, necessária, e que demandaria trabalhos de muitos dedicados colaboradores, na sua grande maioria despreocupados dessa importância.

Com justas e raras exceções, contadas, se muito, nos dedos de uma das mãos, são as penas dos que se têm ocupado em não deixar a Doutrina dos Espíritos tão à deriva das vastas produções no campo das investigações psíquicas, que tratam de fenômenos além dos limites impostos pela Parapsicologia reducionista.

Ao lado da experimentação, da obtenção de dados, da busca e da análise dos fatos no campo, do levantamento de informações, do registro de provas testemunhais que se poderia pensar em aglomerar, o estudo dos trabalhos já desenvolvidos, até mesmo nas grandes Universidades e por representativos institutos de pesquisas espalhados por todo o mundo, é programa para muitos e muitos interessados profitentes espíritas principalmente introduzidos nas lides acadêmicas, freqüentadores das nossas Faculdades.

O maior acesso hoje do jovem brasileiro às Universidades e a grande população dessa faixa etária, direciona impreterivelmente nosso empenho no trabalho de motivar o interesse do adolescente espírita, tão exigente quanto seus pares, a participar de forma atuante na divulgação de todas essas conquistas do conhecimento humano, lamentavelmente ainda ausentes dos currículos universitários nacionais.

O interesse pelos assuntos que dizem respeito ao Espírito tem aumentado consideravelmente em nossos dias

, partindo exatamente dos jovens que cursam as Faculdades e que nelas não encontram campo para as suas cogitações e anseios de almas relativamente amadurecidas.

O terreno é fértil, o momento é oportuno, a renovação dos conceitos dentro da dimensão espiritual do Universo é imperiosa.

A própria Física já deu o seu grito de libertação dos condicionamentos mecanicistas, despertada para uma visão unificada do Cosmos, aonde Matéria e Espírito podem ser entendidos por uma só linguagem, tornando tanto a Física como a Metafísica inseparáveis e complementares.

A Era do Espírito está no seu limiar e as verdades antecipadas pela Revelação Espírita será do domínio universal e integradas a todas as áreas do conhecimento humano.

Esse legado que o Espiritismo nos oferece será cobrado. Atentemos urgentemente para o que dele estamos fazendo e coloquemos os nossos talentos a serviço de sua propagação, dentro do exigente pensamento do homem contemporâneo, livre, aberto, questionador, contestador e ávido por algo que lhe toque as fibras íntimas da sua natureza espiritual.

"Com o Espiritismo a humanidade deve entrar numa fase nova, a do progresso moral, que lhe é consequência inevitável." (A. Kardec – O livro dos Espíritos – Conclusão V.)

"Como meio de elaboração, o Espiritismo procede exatamente da mesma maneira que as ciências positivas, isto é, aplica o método experimental." (A. Kardec, A Gênese, cap. I – Caracteres da Revelação Espírita, item 14, p. 16, LAKE, 1ª edição.)

"É rigorosamente exato, portanto, dizer que o Espiritismo é uma ciência da observação e não o produto da imaginação." (Idem, ib.)

"O Espiritismo não estabelece, portanto, como princípio absoluto senão aquilo que está demonstrado com evidência, ou que ressalta logicamente da observação." (Ide, ib., item 55, p. 36.)

"O Espiritismo, marchando com o progresso, jamais será ultrapassado porque, se novas descobertas demonstrassem estar em erro sobre um certo ponto, ele se modificaria sobre esse ponto; se uma nova verdade se revelar, ele aceitará." (Idem, ib. item 55, p. 37.)

"Falamos, portanto, por experiência e por isso afirmamos que o melhor método do ensino espírita é o que se dirige à razão e não aos olhos." (A. Kardec, O livro dos médiuns, cap. III – Método, item 31, p. 41, LAKE, 5ª edição, 1977.)

Considera ainda o codificador no item 34 desse mesmo capítulo de "O livro dos médiuns" que pelos fatos chegou ele à teoria depois do trabalho assíduo em muitos anos e por milhares de observações, sustentando que apenas os fatos sem o raciocínio não bastam para levar à convicção.

CONCLUSÃO

1. Admitimos, portanto, que muitas das antecipações que nos foram reveladas pelos Espíritos carecem ainda de verificação experimental, do mesmo modo como as idéias teóricas de Einstein sobre os campos unificados no Universo, concebidos anteriormente aos anos 50, vieram a ser, em sua boa parte confirmadas em laboratório, recentemente, nas instalações do Centro de Pesquisas Nucleares da Europa (CERN) pelos físicos Carlos Rubbia e Simon Van der Meer, ganhadores do Prêmio Nobel de Física em 1984.

2. É impreterível que o Espiritismo assegure a sua área de domínio, ocupe o terreno que lhe diz respeito e assuma também a sua posição de Ciência no contexto do conhecimento humano.

3. Uma tomada de consciência dos intelectuais espíritas para a realidade presente deverá inverter o processo em relativa estagnação, em que nos encontramos, tão distanciados do que se vem desenvolvendo nos meios universitários e de trabalhos científicos em todo o mundo.

4. Como decorrência, se faz necessária a criação de um organismo que venha a coordenar as atividades e contribuições de caráter científico dentro do Espiritismo, orientando, diligenciando e disciplinando grupos, pessoas e organizações que se proponham juntar esforços, tanto para a realização da pesquisa literária nessa área como para o desenvolvimento de experiências ou registros e análises de fatos que evidenciem os fundamentos do Espiritismo.

5. Criar um acervo de documentos, processos de investigação, estudos e trabalhos, devidamente classificados e catalogados, obedientes e rigorosamente elaborados dentro dos exigentes parâmetros científicos, para que venha a se constituir com o tempo, em consistente material a justificar a abertura de um pedido oficial de reconhecimento do Espiritismo como a Ciência do Espírito, da sua sobrevivência após a morte, renascimento, manifestações e relações com o mundo material.

ANÁLISE TEÓRICO-CRÍTICA - VISÃO SOCIAL DE EMMANUEL

MARIA ENY ROSSETINI PAIVA

A análise da visão social de Emmanuel oferece a um exame acurado inúmeras surpresas. É que as posições de espírito-guia do renomado médium Francisco Cândido Xavier apresentam-se de tal modo que uma leitura superficial poderia acusar muitas estranhezas, e até incoerências, sem falar em posições contrárias as de Kardec ou dos espíritos que o auxiliaram.

Não se tem identificado o fio condutor de suas idéias, nem entendido suas posições como a busca de um equilíbrio que evita os extremismos sem descuidar da realidade em seus múltiplos aspectos.

Talvez venha daí o fato de Emmanuel ter sido utilizado por vários articulistas em defesa de posições antagônicas na análise de questões sociais.

É característica do estilo de Emmanuel tecer considerações gerais, antes de responder diretamente às questões formuladas, mostrando outras facetas do assunto em pauta. Isso facilita aos espíritos extremados entender de modo unilateral as respostas. Apenas para exemplificar, vejamos como ele responde a uma indagação sobre as causas da alucinação (O Consolador, questão 52).

Uma leitura superficial pode levar à compreensão errônea de que toda alucinação é sempre um fenômeno espiritual, quando a resposta diz que embora quem sinta seja sempre o espírito (daí o "intrinsecamente espiritual"), as alucinações podem ser produto de perturbações estritamente orgânicas, nada tendo de espiritual no sentido de refletirem visões provocadas por espíritos ou do mundo espiritual.

Com o mesmo estilo, Emmanuel responde a questões sobre a loucura (51), sobre o sonho (49), sobre a atuação do espírita na política partidária (60). Dificilmente as respostas são incisivas e objetivas como a relativa política do racismo (61), que é considerada sem nenhum preâmbulo como "erro grave", que "pretexto algum justifica" e que encobre o "propósito nefasto de tirania e separatividade".

Todas as respostas e todas as dissertações de Emmanuel exortam ao retorno da prática do Evangelho em sua primitiva pureza (ver Emmanuel, cap. VI – Pela revivescência do cristianismo). No entanto, só entendendo o que significa essa revivescência do cristianismo é que lograremos entender na retórica que caracteriza o estilo do antigo cônsul romano o que significa pureza primitiva do Evangelho para ele.

Segundo pudemos entender, o Evangelho em sua pureza primitiva para o ex-sacerdote católico significa:

1) atuação no sentido de esclarecer e educar as classes sociais desfavorecidas, os parias sociais, os deserdados do mundo (A Caminho da Luz – cap. IX – A grande lição – e cap. XI – O Cristo inconfundível).

2) Vivência da igualdade, pela compreensão de que não pode haver diferenças entre os homens porque todos são irmãos, filhos do mesmo Deus (A caminho da luz – cap. XIV – Os primeiros cristãos, e capt. XV – Os mártires).

3) Ausência de dogmatismo, de sacerdócio organizado, de rituais, de luxo. Exaltação do trabalho, da renúncia às convenções, honrarias e posse de bens (A caminho da luz – cap. IX – O Cristo inconfundível, e cap. XVI – Primórdios do Catolicismo).

4) Combate pacífico de todas as violências, observação dos exemplos de Jesus para "renovação de todos, as instituições sociais e políticas, com a transformação moral dos homens dentro de uma nova era de justiça econômica e de concórdia universal" (idem, cap. XII – A grande lição e A palavra divina).

Essa nova era de justiça econômica e concórdia social seria conseguida pela implantação do socialismo de Jesus ou socialismo cristão (ver no livro Emmanuel – cap. XXI – Fase de experimentações e O futuro pertencerá ao Evangelho).

É interessante observar que o pensamento de Emmanuel é socialista, embora ele nunca esqueça o pólo individual da melhoria do homem que deve embasar qualquer mudança social (O consolador – questão 57).

No capítulo XXI acima citado, Emmanuel considera a Igreja Católica como UMA DAS CAUSADORAS do estado caótico do mundo em 1937 (estado que levou à segunda guerra mundial). Diz mesmo que se a Igreja houvesse mantido a sua posição espiritual, "fortificando as almas no seu longo caminho evolutivo, como mediadora entre o céu e a terra, *as transições sociais, inevitáveis, não seriam tão penosas* para as gerações do século XX. *A estabilidade da civilização ociden-*

tal, sua evolução para o socialismo de Jesus dependia da fidelidade da Igreja Católica aos princípios cristãos".

É dentro dessa visão que explicita o que o famoso guia entende por revivescência do cristianismo (ou estudar e praticar o Evangelho em sua pureza primitiva), que passaremos a analisar outras questões sociais abordadas por ele.

A DESIGUALDADE SOCIAL

Uma leitura menos atenta das respostas de Emmanuel relativamente às desigualdades sociais poderia nos levar a observar que ele contraria Kardec uma vez que assevera em "O consolador" – questão 55: "A desigualdade social é o mais elevado testemunho da verdade da reencarnação, mediante a qual cada espírito tem sua posição definida de regeneração e resgate". São considerações gerais sobre como funciona a lei da reencarnação mas, normalmente, é esse o trecho usado pelos que defendem a existência infinita de ricos e pobres, a necessidade da miséria e a perpetuação das diferenças entre os homens baseada na posse de riquezas.

É uma interpretação enganosa. A questão 55 indaga de Emmanuel se as desigualdades sociais que existem entre as classes no USUFRUTO DOS BENS TERRESTRES deverá perdurar no porvir. A resposta à questão não é dada nessa introdução mas em sua seqüência, quando o espírito afirma que "a pobreza, a miséria, a guerra, a ignorância como outras calamidades coletivas são enfermidades do organismo social, devido à situação de prova quase generalizada de seus membros". Observemos que ele coloca a desigualdade no usufruto dos bens terrenos como a conhecemos (pobreza, miséria, ignorância e guerra) como enfermidades devidas à situação DE PROVA e não de expiação. É importante observar isso porque *provas não são situações resultantes de culpas* passadas mas vivências escolhidas por nós ou estabelecidas pela divindade *para nos fazer crescer no rumo da perfeição.* A diferenças entre prova e expiação é primordial para compreendermos isso. A resposta à questão 55 prossegue dizendo que quando todos se iluminam em Jesus Cristo, a moléstia estará também eliminada da Terra.

Desse modo, a conclusão é que as desigualdades sociais, no usufruto dos bens, desaparecerão no porvir, quando atingirmos a iluminação espiritual em Jesus Cristo. Essa iluminação em Jesus, tendo em vista o que analisamos anteriormente, abarca a mudança individual e a das instituições sociais, buscando-se a implantação do socialismo de Jesus.

IGUALDADE ABSOLUTA

É preciso observar que Emmanuel, como os Espíritos que auxiliaram na codificação, é contrário às teorias igualitárias absolutas. Considera qualquer tentativa de impor essa igualdade absoluta como "tirania política" que conseguirá na prática tão somente uma espetacular uniformização exterior. É uma posição absolutamente coerente com o ensino dos Espíritos que definem a desigualdade do mérito, resultante do trabalho pessoal de cada Espírito na aquisição de bens (sem prejuízo de outrem) como a base real para uma igualdade social, justa e possível, em um mundo mais perfeito (O consolador – questão 56 – e "O livro dos Espíritos" – questões 881, 883, 811).

ECONOMIA

Emmanuel é claramente favorável à direção da economia quanto à técnica de produção, à repartição, aos processos de consumo, desde que sem excessos que prejudiquem a lei de trocas.

Diz ele que o progresso depende inteiramente da lei de trocas e culpa os sistemas autárquicos de governo da década de 1940 pela situação de injustiça econômica e falta de fraternidade reinantes. Considera toda restrição à troca uma passagem para a "destruição revolucionária".

Quanto ao como dirigir a economia, não há opinião do Espírito de Emmanuel, mas há uma proposta feita dentro da visão emmanuelina pelo Espírito de Joaquim Pedro de Oliveira Martins, que em 25/5/1935 respondia pelo lápis de F. C. Xavier a questões econômicas.

Concordando com Emmanuel na necessidade de se dirigir a economia quanto à técnica de produção, a repartição e aos processos de consumo, Joaquim Pedro propõe a formação de CONSELHOS DE ECONOMIA NACIONAL, recrutados pela administração entre os mais abalizados técnicos no assunto, que deveriam trabalhar cooperativamente ouvindo os trabalhadores e os que detêm os meios de produção. Preconiza para isso a organização das classes sociais, que através de seus expoentes confabulariam com os governos. Os porta-vozes dessas classes representariam os interesses gerais da classe e não de facções dela. Para que isso fosse possível, o regime de consulta e inquérito deveria ser generalizado, pois, é evidente que sem consulta aos componentes de uma classe ninguém pode representá-la com legitimidade.

Esses conceitos de uma atualidade gritante, merecem ser resgatados para nossa mediatação (ver Palavras de infinito – p. 81 – A economia dirigida não é um erro).

GOVERNOS FORTES, GUERRA, CLASSES SOCIAIS

Emmanuel, em todas as suas considerações sobre questões sociais, é contrário aos governos fortes. Considera-os mesmo "fatores de decadência espiritual dos povos, que guardavam consigo a vanguarda evolutiva do mundo..." (ver Emmanuel – cap. XX – Ditaduras e problemas econômicos, e cap. XXI – Fase de experimentações).

Embora às vésperas da segunda guerra mundial, explicita com clareza que a extinção das guerras "se verificará somente depois de uma renovação radical das diretrizes econômicas adotadas pela maior parte dos países aliada ao sentimento de solidariedade e fraternidade universais, segundo a educação necessária" que deveria ser a característica das gerações futuras.

Aí está. Evitando os extremismos, Emmanuel preconiza uma mudança radical na economia aliada a uma educação das novas gerações nos sentimentos de solidariedade e fraternidade universais (ver Palavras de infinito – p. 101 – Estará o mundo livre das guerras?).

Para Emmanuel, as classes sociais existirão sempre. É claro que como já vimos essa distinção não será no futuro baseada no usufruto dos bens de produção, cujo uso, já diziam os Espíritos, é um direito de todos os homens (ver questões 706 e 711 de "O livro dos Espíritos").

Parece que ele considera que dirigentes e dirigidos serão sempre componentes de classes, cujos interesses deverão ser conciliados com a multiplicação de leis de assistência social. "A evolução dos povos significa a evolução de seus códigos" (em Palavras do infinito – p. 94; O Consolador – questão 57).

CRÍTICA ESPÍRITA DE HERCULANO PIRES SOBRE O APERFEIÇOAMENTO DO HOMEM E DA SOCIEDADE

AYLTON GUIDO COIMBRA PAIVA

APRESENTAÇÃO

"José Herculano Pires é um filósofo e pensa sobre o mundo e o ser com evidentes profundidades metafísicas. Mas vê no filosofar um ato existencial que não só conduz ao conhecimento como também ao reconhecimento de que tudo o que existe não se destina a afundar-se no Nada. Ele concebe que a filosofia é uma penetração nos grandes problemas da existência e admite que o conhecer verdadeiramente depende de uma experiência para chegar ao sentido profundamente religioso que possuem as coisas, tanto grandes quanto pequenas".

Essas são as palavras iniciais no Prólogo, de Humberto Mariotti, na obra "Herculano Pires, filósofo e poeta".

A produção cultural espírita de Herculano Pires está a desafiar o estudo sério e profundo de filósofos, sociólogos, antropólogos, economistas, enfim, de cientistas, pesquisadores e estudiosos das Ciências Sociais.

A cosmovisão de Herculano Pires precisa com urgência ser descerrada em teses, monografias, palestras, simpósios, seminários, círculos de debates e outras formas de comunicação e produção de cultura.

Obviamente, não se vai endeusá-lo. Nem envolvê-lo em uma mística incompatível com a racionalidade do Espiritismo, mas suas idéias, seus conceitos, suas análises no relacionamento do Espiritismo com a Filosofia, com a Ciência e com a Religião deverão ser debatidas e retomadas pelos espíritas da atualidade.

Coerente com tal entendimento, aqui apresentamos esse modesto trabalho de reflexão sobre a crítica espírita de Herculano Pires sobre o aperfeiçoamento do homem e da sociedade.

1. INSTRUMENTAL FILOSÓFICO

Ao início desta análise vamos de encontro às palavras daquele que admiravelmente compreendeu e sentiu fraternal, intelectual e psiquicamente Herculano – Humberto Mariotti:

"J. Herculano Pires foi, com efeito, um precursor da filosofia existencial traduzindo-a em *filosofia interexistencial*, pois teve a capacidade metafísica de compreender com uma concepção oniabarcante ao reduzir à unidade substancial o fator determinante de todo saber espiritual e histórico. Os famosos *a priori* de Kant ficam iluminados gnesiologicamente, segundo o pensamento de J. Herculano Pires, *pelas autoridades da alma* (esta expressão pertence à pena admirável de Leon Denis).

"Para Herculano, como para Manuel S. Porteiro e o próprio Allan Kardec, o Espiritismo somente avançará na cultura do ociednete mediante a via filosófica (ver A Gênese, de Allan Kardec). Se o gênio espírita não se expressa mediante o método filosófico permanecerá à margem dos processos históricos e sociais. O conhecer espírita do mundo implica uma conexão com o que Herculano concebia com outros pensadores brasileiros como a *sociologia cósmica*. Pois à luz do Espiritismo *o universo está dentro do homem como o homem está dentro do universo*..."[1]

Observamos, assim, que através de uma visão filosófica interexistencial Herculano procura inserir-se nos processos históricos e sociais visualizando o universo dentro do homem e o homem dentro do universo através de conceitos de uma sociologia cósmica.

Ele trilha esse caminho utilizando o fedeísmo crítico, como assevera: "A Teoria Espírita do Conhecimento nos levou da simples sensação até à capitação da realidade espiritual. O Espiritismo, como síntese de todo processo espiritual da Humanidade, repete em seu desenvolvimento o processo filogenético do conhecer. O Espiritismo aparece, assim, como um novo ser da família do conhecimento. À maneira das crianças que repetem em sua vida intrauterina o processo da evolução animal, o Espiritismo reinicia a descoberta do mundo no campo fenomênico através da sensação e da percepção, passando pelo desenvolvimento racional para atingir o plano metafísico da fé. Mas a fé espírita apresenta-se como *raciocinada* e portanto proveniente do raciocínio. É uma filha da razão, e não obstante tem como pai o sentimento".[2]

O conhecer então em Herculano, como fundamento de sua crítica, é resultante do exercício da razão e da sensibilização do sentimento.

Por isso, a permanente preocupação de Gerculano Pires, em suas obras, sobre o homem, a sociedade e o aprimoramento de ambos nos processos palingenésicos e social.

2. *APERFEIÇOAMENTO DO HOMEM E DA SOCIEDADE*

Novamente buscamos a análise abalizada do "irmão espiritual" de Herculano, Mariotti, para melhor entendermos essa cogitação:

"Existe acerca do humanismo social espírita verdadeiros juízos errôneos pois tudo o que tende para esta matéria filosófica é considerado como uma penetração nos campos da política." (Esclarecemos nós: política partidária.)

O pensador brasileiro fez grande esforço para destruir esta errônea apreciação acerca do pensamento social espírita; mas muito pouco tem sido alcançado em favor deste tema tão importante nestes momentos. Herculano corroborou decididamente este pensamento de Manoel S. Porteiro: "O Espiritismo não é uma ciência para falar só com as entidades desencarnadas. É também uma doutrina para encarar os erros do mundo e tratar de resolvê-los mediante o novo sentido de justiça social que revelam os Espíritos Superiores". Quando Herculano conheceu este pensar de Manuel S. Porteiro estimou-o grandemente e tratou de estudar sua obra por concordar com seu pensamento filosófico".[3]

Para corroborar a afirmação de Mariotti, colhemos em "Espiritismo dialético" (Introdução à edição brasileira de Dialectica e Metapsiquica) as palavras de Herculano Pires:

"A função do Espiritismo é a renovação integral do homem, não apenas do homem na sua expressão individual e transitória, mas na sua permanente expressão coletiva. A propósito, aliás, poderíamos lembrar aos defensores do pensamento isolacionista a lei maior do Evangelho que é a do amor ao próximo. Não conheceriam eles o poder do ambiente sobre os indivíduos, mormente sobre os menos evoluídos? Não saberão que as influências mesológicas determinam, quase sempre, o próprio caráter individual? Não perceberão que uma vida social mais equilibrada e, portanto, mais justa será o grande e permanente estímulo do progresso individual?"[4]

A visão crítica de Herculano demonstra cabalmente que no processo de aperfeiçoamento do homem e da sociedade ambos estão integrados e são concomitantemente agentes e reagentes. Não escapam ao ilustre filósofo espírita as próprias influências do meio físico.

Esse processo dialético ele expõe com muita propriedade: "A renovação do homem implica a renovação social mas desde que o homem renovado se empenhe na transformação do meio em que vive, sendo esta, aliás, sua indeclinável obrigação espírita. Ora, querermos ficar no conceito de uma renovação puramente individualista seria um contrasenso, simples ignorância da estrutura social como um todo.

"Que diríamos de um pedreiro que, para embelezar um edifício, não cuidasse do seu aspecto de conjunto, mas de cada um dos tijolos, isoladamente? E quem poderia negar dentro da concepção espírita que o homem não é um indivíduo abstrato, mas parte integrante do todo social, sobre o qual exerce sua influência e pelo qual é influenciado, resultando, dessa constante simbiose, a sua evolução e a evolução coletiva. Como, pois, isolarmos o homem, para que o Espiritismo faça o trabalho no espaço, independentemente de suas raízes gregárias?"[5]

Ressaltamos, nesse passo, a fidelidade de Herculano ao pensamento de Allan Kardec, pois este demonstra cabalmente esse tipo de influência social, inclusive como os bens poderão transformá-la num instrumento de renovação social, apresentando até um esquema percentual eficiente a essa influência.[6]

Herculano, como estudioso e pesquisador de Allan Kardec, soube compreender muito bem a preocupação do Codificador e a advertência dos Espíritos, na questão 932 de "O livro dos Espíritos": "Por que, no mundo, tão amiúde, a influência dos maus sobrepuja a dos bons?"

- "Por fraqueza destes. Os maus são intrigantes e audaciosos, *os bons são tímidos*. Quando estes quiserem preponderarão".[7]

A preocupação filosófico-social do Irmão Saulo (pseudônimo de Herculano Pires) com a análise que levasse a uma sociedade justa e os meios compatíveis com a necessária transformação fizeram-no produzir uma tese sobre o estabelecimento do Reino de Deus na Terra. Ela foi aprovada pelo I Congresso Espírita da Alta Paulista, reunido na cidade de Marília, nos primeiros dias do mês de abril de 1946.

Primeiramente, ela foi editada pela LAKE, de São Paulo, posteriormente, reescrita, em inspirada forma a que Mariotti chama: "... espécie de mediunização literária e filosófica" (opus cit.) e dada à luz pela Edicel Ltda., São Paulo, com o título: "O Reimo". Nessa tese, segundo Herculano Pires, ele finca a trilha de indagações e reflexões sociais e a implantação do Reino de Deus: "nos trabalhos específicos de três grandes luminares do Cristianismo atual: Stanley Jones, o famoso Cavalheiro do Reino de Deus, pastor missionário metodista; Jacques Maritain, o conhecido pensador católico; e Cairbar Schutel, o admirável escritor e conferencista espírita, fundador da Revista Internacional do Espiritismo".[8]

Mais adiante, ele colhe dos lábios de Stanley Jones as palavras que, no seu dizer, arrancaram arrepios em muitos dos seus correligionários: "Nada há que possa eximir-se deste movimento que sacode o mundo inteiro em favor de uma reforma social; nem mesmo os nossos santuários". E sobre isso refletia o autor de "O Reino": "O chamado de uma nova ordem está clamando no coração do mundo. E o mundo não pode deixar de atendê-lo, porque é um imperativo do progresso terreno, uma lei maior do que as leis transitórias dos homens, é a expressão da própria vontade de Deus. Os santuários estão abalados, como disse o grande missionário, e os santuários cairão por terra se tentarem resistir ao ímpeto das novas forças que estão se desencadeando sobre a cabeça e o coração dos homens".

A esse saber haurido nas fontes mais puras da Filosofia, da Religião e da Ciência, sem temores ou vãos preconceitos, Herculano era fidelíssimo ao esteio da Doutrina Espírita. Suas tranqüilas, firmes e seguras andanças pelos atalhos da Epistemologia não o arredavam do vigor dos postulados kardecianos e sua "práxis".

Daí, em o mesmo "O Reino", seu brado humilde e veemente de alerta: "É por isso que não podemos esquecer os problemas sociais levantados pela doutrina, no desenvolvimento natural dos princípios do Cristianismo. Estudar, debater, aprofundar esses problemas e condicionar a nossa vida, a nossa atividade social, às suas diretrizes, num trabalho vivencial de transformação do mundo. O verdadeiro espírita se recusará sempre a participar dessas duas formas de exploração dos semelhantes que são: a ideológica, envolvendo a mistificação religiosa e a demagogia política; e a econômica, em que se esteia a ideológica e sobre a qual proliferam as iniqüidades sociais de toda espécie".[9]

3. A AÇÃO SOCIAL ESPÍRITA

Estamos perfeitamente convictos da necessidade da renovação do homem e da sociedade em bases de justiça e amor, pois diz a Doutrina Espírita que a soma de felicidade comum a todos os homens, com relação à vida material é a posse do necessário, com relação à vida moral é a consciência tranqüila e a fé no futuro, Herculano alerta: "Não nos iludamos, porém, quanto aos métodos de ação que devemos empregar. A simples evangelização ou catequização nos moldes religiosos não dará resultados, porque nos amarram, pelo contrário, às antiquadas formas sectárias que proliferam por toda parte e criam divisionismos estéreis e perigosos. O Espiritismo tem de descobrir a sua própria maneira de agir, tem de forjar as suas próprias armas, inteiramente novas, tão diferentes das usadas pelo processo do religiosismo clássico, quanto pelo materialismo dialético... O certo, porém, é que precisamos estabelecer os fundamentos sólidos e definidos do Espiritismo dialético, aplicando-o, no plano sociológico ou histórico, rumo à sociedade futura".[10]

4. CONCLUSÕES

I – Pela filosofia interexistencial espírita, Herculano Pires demonstra a interação do social e do espiritual.

II – Para H. Pires, a função do Espiritismo é a renovação integral do homem, não apenas do homem na sua expressão individual e transitória, mas na sua permanente expressão coletiva.

III – Entendo que a renovação do homem implica a renovação social, mas desde que o homem renovado se empenhe na transformação do meio em que vive, sendo esta a sua indeclinável obrigação como espírita.

IV – Por conseqüência: "O chamado de uma nova ordem está clamando no coração do mundo. E o mundo não pode deixar de atendêlo, porque é um imperativo do progresso humano".

V – Assim, adverte: "É por isso que não podemos esquecer os problemas sociais levantados pela doutrina, no desenvolvimento natural dos princípios do Cristianismo. Estudar, debater, aprofundar esses problemas e condicionar a nossa vida, a nossa atividade social às suas diretrizes, um trabalho vivencial de transformação do mundo".

VI – Finalmente, propõe: "O Espiritismo tem de descobrir a sua própria maneira de agir, tem de forjar as suas próprias armas, inteiramente novas, tão diferentes das usadas pelo processo de religiosismo clássico, quanto pelo materialismo dialético".

BIBLIOGRAFIA

1. MARIOTTI, H. e RAMOS, C. Herculano Pires, filósofo e poeta, p. 17. Ed. Correio Fraterno do ABC.
2. PIRES, H. Introdução à filosofia espírita, p. 45. Ed. Paidéia.
3. Idem 1, p. 43/44.
4. MARIOTTI, H. Dialética e Metapsíquica, p. 43. Ed. Édipo.
5. Idem 4, p. 42.
6. KARDEC, A. Obras póstumas, cap. "As Aristocracias". Ed. FEB.
7. KARDEC, A. O livro dos espíritos, questão 932.
8. PIRES, H. O reino, p. 136/137. Ed. Edicel.
9. Idem 8, p. 144/145.
10. Idem 4, p. 45.

TEATRO ESPÍRITA (SUBSÍDIOS DIDÁTICOS A UM SEMINÁRIO NO CONBRAJEE-86)

NAZARENO TOURINHO

O teatro espírita, para cumprir de maneira satisfatória sua função, precisa ser tecnicamente bem elaborado e conter mensagem doutrinariamente correta (entendemos como teatro espírita a arte cênica, universal em sua natureza estética, praticada não apenas com fins hedonísticos mas, também, dentro de uma concepção instrumental comprometida ideologicamente, a serviço da filosofia codificada por Allan Kardec).

Do ponto de vista técnico, o teatro espírita deve se afirmar acima de tudo como teatro e, do ponto de vista doutrinário, deve se manifestar antes de mais nada como espírita. Isto, quase uma conceituação acaciana, significa que, artisticamente, ele necessita se realizar como espetáculo e, filosoficamente, necessita ofertar os esclarecimentos verdadeiros da nossa crença.

ASPECTO TÉCNICO

O teatro, como as demais artes, tem leis e regras que para serem compreendidas demandam estudo aprofundado e para serem exercidas reclamam talento natural.

Estudo e talento são, pois, as duas primeiras condições indispensáveis para quem deseja se dedicar à atividade dramática, mesmo a nível amadorístico, não profissional.

Os elementos básicos geradores do fato teatral são o *texto*, a *direção* responsável pela *montagem* e a *interpretação*. No geral, o texto indica a tessitura da representação e a fala dos personagens, a direção dá organicidade ao espetáculo utilizando recursos humanos e materiais, e a interpretação representa os papéis individuais. Esses elementos, embora distintos, ordinariamente integram-se, com harmonia, em perfeita unidade cênica, produzindo o efeito mágico de espelhar a vida, na moldura da realidade ou da fantasia.

Nem sempre, contudo, texto, direção e interpretação conjugam-se e se fundem no fenômeno teatral. Pode ele dispensar o texto e ser montado sem estrutura pré-definida e sem diálogos, ao sabor do improviso e da expressão corporal; pode prescindir de direção e ser construído apenas com o texto e a interpretação, aleatoriamente; e pode até não ter interpretação, valendo-se tão somente do texto e de uma direção que o materialize através de objetos, mecanicamente. Muitas experiências já foram feitas em todos esses sentidos, para enriquecimento expressional da arte cênica, que é maravilhosamente elástica e abrangente em sua potencialidade, não traçando limites à imaginação e oferecendo abrigo às outras artes: música, poesia, pintura, dança etc.

Relativamente ao texto teatral importa considerarmos o seguinte:

1) Pode ser composto de vários modos. No que tange à tessitura da representação, pode constituir mero roteiro para a direção do espetáculo desenvolver com plena liberdade a ação dramática indicada e pode ser detalhista, descrevendo em rubricas os cenários e os seus acessórios, tom de voz e gesticulação dos personagens, ritmo e marcação de movimentos etc.; quanto a isso cada autor tem o seu estilo próprio, havendo aqueles que quase nada deixam à criatividade da direção no caso de serem obedecidos. No que se refere aos diálogos pode o texto adotar um padrão de linguagem distinta ou chula, dependendo do perfil psicológico e cultural dos personagens, assim como do contexto situacional em que estão inseridos, no enredo ou na proposta da representação; o importante e fundamental, na linguagem dramática, é a sua dinâmica, pois deve a mesma apresentar características coloquiais e não discursivas;

2) Para produzir texto cênico ninguém precisa, rigorosamente, ser teatrólogo, mas necessita, sem sombra de dúvidas, possuir noções bastante claras sobre a mecânica funcional do espetáculo, pois ele só será convincente e sugestivo se for sustentado, nos limites do seu espaço-tempo, por uma ação, isto é, algo que tenha força de acontecimento, capaz de despertar interesse e prender a atenção. Inúmeros escritores, inclusive alguns famosos, já falharam desastradamente na composição de textos teatrais porque suas peças, a despeito da riqueza de idéias e das imagens literárias, quando levadas ao palco fazem a platéia cochilar por falta de ação dramática.

Relativamente à direção da montagem, convém levarmos em conta o seguinte:

1) Ela ganhou superlativa relevância nos últimos anos. A figura do Encenador foi levada à posição de Diretor do espetáculo, incum-

bindo-lhe coordenar e orientar todos os recursos artísticos da sua realização;

2) Um Diretor de teatro, portanto, deve ter competência para: a) analisar o texto e, depois de identificá-lo em seu gênero (drama, comédia, farsa, tragédia, revista, melodrama, tragicomédia etc.) decidir o estilo em que merece, ou precisa, ser representado (realista, expressionista, dadaísta, futurista etc.); b) escolher o local mais apropriado para a montagem (tablado descoberto, palco à italiana, arena, anfiteatro ou palco à inglesa, de proscênio prolongado); c) discutir com os especialistas o plano geral de cenografia, luminotécnica, arquitetura e carpintaria de cena, sonoplastia, figurinos do guarda-roupa e contra-regragem; d) distribuir os papéis entre os atores adequadamente, tendo em vista certos traços e aptidões pessoais; e) ajudar o elenco no processo de caracterização dos personagens; f) traçar o esquema de ocupação do espaço cênico, com marcação de tempos e movimentos; g) imprimir o ritmo ideal ao andamento do espetáculo, em suas diversas partes e no seu todo; h) cuidar de sutis pormenores que afetam a atmosfera ambiental das cenas; i) finalmente liderar os ensaios até que se consuma a estréia, às vezes prosseguindo com eles durante os dias iniciais da temporada.

Relativamente à interpretação é oportuno atentarmos para o seguinte:

1) Ela se mostra como elemento de maior saliência na arte cênica porque polariza a atenção dos espectadores para quem o espetáculo é feito, pois não há teatro sem público – despertar na platéia idéias e emoções é o supremo objetivo de uma representação, cuja glória efêmera, quando se dilui entre os calorosos aplausos, torna-se eterna na lembrança.

2) Os atores, interpretando os personagens completam a última etapa do fenômeno teatral, garantindo-lhe o sucesso ou conduzindo-o ao fracasso. Em virtude de tamanha responsabilidade devem, no mínimo, esmerar-se nos ensaios, os quais, para serem proveitosos, exigem freqüentes retificações de postura física e inflexão de voz, além de outros cuidados com o aproveitamento de todo o corpo e dos predicados mentais, especialmente a memória e a capacidade de concentração. Deixamos aqui de tecer comentários sobre a metodologia da interpretação, conforme teorias de Stanislaviski, Diderot e Brecht, porque nos limites desta contribuição didática cumpre-nos apenas colocar algumas idéias para debate neste seminário.

ASPECTO DOUTRINÁRIO

Para ser espírita, o teatro, como qualquer outra arte, precisa, consoante já vimos de início, comprometer-se com a filosofia codificada por Allan Kardec, transmitindo mensagem que reflita o conteúdo da mesma.

Os princípios essenciais dessa filosofia estão expostos em um trabalho que encaminhamos ao painel 2 do presente congresso, justamente com a finalidade de demonstrar a diferença entre uma obra espírita e uma não espírita. Como seria redundante reproduzi-lo, salientamos apenas o seguinte com a devida ênfase: *um espetáculo cênico somente se afinará como teatro espírita na medida em que oferecer ao público as verdades básicas nas quais acreditamos.*

De que modo, porém, veicular no palco tais verdades? – Eis a questão, como diria Shekespeare.

Há os que advogam para o teatro espírita uma postura solene e puritana, impregnada de moralismo demagógico, e há os que pretendem vê-lo igualado às formas comerciais e popularescas da dramaturgia atualmente em voga, apelando para o palavrão gratuito e a sexualidade exacerbada.

Em nossa opinião pessoal os partidários de ambas as correntes estão errados. Parece-nos que nem o teatro espírita deve se alienar da realidade da natureza humana, ingenuamente, nem deve fazer concessões ao mau gosto para ser aceito, aeticamente.

O teatro espírita, fiel ao substrato da doutrina que representa, necessita manter-se com bom senso em uma linha de equilíbrio distanciada tanto do lirismo inconseqüente quanto da vulgaridade grosseira, sob pena de ser pouco útil como teatro e muito fútil como espírita.

Sobre tão magno problema é que se impõe, segundo supomos, a maior reflexão deste seminário.

GLOSSÁRIO

GÊNEROS TEATRAIS (PRINCIPAIS)

Drama – peça que se situa entre a comédia e a tragédia.

Comédia – peça em que predomina a sátira e a graça.

Tragédia – peça de enredo funesto, dominado pela fatalidade de uma forma grandiloquente.

Farsa – peça cômica marcante pela caricatura e tom burlesco.

Revista – peça de estrutura fragmentada, solta e divertida, onde se misturam cenas de humor com números musicais enriquecidos pelo canto e pela coreografia.

Melodrama – peça dramática na qual as situações são exageradas, dandos-e ao trivial demasiada ênfase.

Tragicomédia – peça trágica entrecortada por incidentes cômicos, cujo desenlace não é funesto.

ESTILOS DE REPRESENTAÇÃO (PRINCIPAIS)

Realista – mostra as coisas exatamente como são, sem retoques.

Expressionista – mostra as coisas não como elas se apresentam normalmente, mas como julga que devem ser na sua essência.

Naturalista – mostra as coisas não apenas como na verdade são, mas ainda com espontaneidade e tão minuciosamente quanto possível.

Simbolista – mostra as coisas acentuando, poeticamente, a significação que elas encerram. Utiliza alegorias.

Dadaísta – mostra as coisas de maniera lúdica, buscando um primitivismo infantil, sem relacionar o pensamento à sua expressão lógica.

Futurista – mostra as coisas em múltiplas condições, deslocando-as de modo agitado e vibrante para projetá-las no porvir.

Surrealista – mostra as coisas sem coerência, como ocorre no mecanismo dos sonhos.

FENÔMENOS ESPÍRITAS NA DRAMATURGIA

HAMILTON SARAIVA

INTRODUÇÃO

Como prática inicial, descartaremos de nossa análise as peças teatrais que tenham a intenção deliberda de focalizar os fatos espíritas. Assim sendo, não comentaremos a dramaturgia que esteja voltada para a doutrina espírita mas sim aquela que não tem evidente compromisso, quer didático ou doutrinário, com o Espiritismo ou com doutrina espiritualista onde fenômenos estejam evidentemente situados com a mediunidade.

Não nos preocuparemos também com a pureza dos termos ao nos referirmos aos fenômenos encontrados na dramaturgia posto que aqui se trata de um franco debate para posteriores posicionamentos em torno da matéria levantada, cabendo aos circunstantes do painel a busca mais profunda na discussão positiva que, certamente, nos trará maiores alvitres de conversação.

FATOS

A dramaturgia universal está recheada de fatos e alusões a fenômenos que podem ser catalogados como da experimentação espírita. Nem sempre os fatos e as explicações estão corretamente situados dentro do entendimento kardecista mas podem ser "traduzidos" pelo que conhecemos como Espiritismo.

Já no teatro grego, antes do Cristo, na famosa tragédia Édipo Rei, de Sófocles, encontramos um fato inusitadamente espiritual no vaticínio trágico que a pitonisa faz com respeito a Édipo, recém-nato, afirmando que ele mataria seu pai e contrairia núpcias com a própria mãe, fato que veio a suceder numa intrincada malha confusa de situações trágicas. Todos sabemos que as pitonisas eram médiuns que entravam em transe aspirando alguns gases vulcânicos que emanavam de rachaduras do solo, sentadas em suas trípodes e que, em estado de êxtase, viam o futuro, falavam com espíritos e proferiam seus oráculos.

Encontraremos ainda, e muitas vezes, os fenômenos transcendentes nas peças do gênio William Shakespeare, cuja frase famosa nos alerta a respeito do sobrenatural: "Existem mais coisas entre o céu e a terra do que a nossa vã filosofia possa sonhar". Em Hamlet, o príncipe homônimo recebe a visita do espectro (espírito) de seu pai que lhe conta a traição que sofreu ao ser morto pelo próprio irmão. Em outra peça, Macbeth encontra-se com três feiticeiras, quando volta de uma batalha e as mesmas bruxas vaticinam o seu futuro glorioso, não só isso, mais tarde, nessa mesma peça, surgem visões de espíritos que enlouquecem sua egoísta esposa e um punhal empunhado pela mão misteriosa de um fantasma persegue Macbeth e, ainda, a aparição de antepassados, materializados na ocasião de um vaticínio das feiticeiras como se estivéssemos numa sessão de efeitos físicos.

A coisa não se esgota por aí, muitos outros dramaturgos recheiam seus textos com espíritos, duendes, mediunidades, feitiçarias, obsessões, aparições, curas, premonições e outras manifestações paranormais tão comumente encontráveis, nas sessões espíritas, explicadas à luz do kardecismo como fatos comuns e nada misteriosos.

Mesmo com autores eminentemente católicos, rotulados como milagres, aparições de santos e anjos, julgamentos no plano espiritual abundam fatos que podemos classificar entre os itens estudados no "Livro dos Espíritos" e no "Livro dos Médiuns".

Outras peças teatrais tratam de fatos que envolvem a sobrevivência do espírito, a reencarnação e a existência do carma (lei de ação e reação). "O Túnel", por exemplo, é uma peça de Päer Laggervick que trata do assunto da sobrevivência com grande dramaticidade, envolvendo duas criaturas desencarnadas à boca de um túnel revendo o passado delituoso de um deles.

Jean Paul Sartre, o filósofo francês, consagrado pelo existencialismo, escreve a peça "Entre Quatro Paredes" onde várias pessoas se encontram numa misteriosa sala sob certas circunstâncias em embates verbais conflitantes, desnudando seus erros e mazelas, como espíritos desencarnados nas zonas umbralinas.

Uma família está envolvida em delitos gravíssimos que envolvem uma moça, a qual se suicidou por diversas injustiças sofridas no passado. Um inspetor chega a essa casa e põe todas as feridas dos familiares à descoberto, desmistificando os que se faziam inocentes e bondosos. Depois disso, o misterioso justiceiro desaparece e apresenta-se o verdadeiro inspetor de polícia. Esta peça, de J. B. Pristley, tem o curioso título de "Está lá fora um inspetor" e nos sugere que a primeira aparição do policial seria uma figura do outro mundo.

Na dramaturgia brasileira muitos são os fatos misteriosos envolvendo situações diversas que configuram a presença espiritual entre os encarnados. Aliás, o teatro tem uma grande afinidade com as situações inusitadas e místicas, incluindo-se também o fato da assimilação da personagem pelo ator ou atriz como se fosse uma interação mediúnica que conhecemos no fenômeno da psicofonia.

Na peça "Um uísque para o Rei Saul", de César Vieira, uma morta levanta de sua maca na morgue, ainda envolta no lençol que lhe serve de mortalha e comenta a sua vida pregressa com a platéia, num inteligente monólogo que nos faz saber tratar-se de uma suicida, onde se justifica o título uma vez que o Rei Saul, citado na Bíblia, também suicidou-se.

Os fatos se referindo aos espíritos, no teatro, se prestam mais à comédia do que à interpretações sérias e profundas. Talvez seja o receio de enfrentar o assunto e ser tachado de doutrinador religioso ou ser considerado ignorante perante o espírito científico.

Entretanto, encontramos como a melhor e mais séria peça, a obra do judeu Sch Na Ski denominada "O Dibuk". Dibuk, na explicação da cabala judaica, é um espírito de ente desencarnado que se apossa de um corpo vivo e, através desse corpo, se manifesta para resolver problemas de injustiças, ansiedades e vinganças não completadas na vida da matéria. Esta peça é uma obra primorosa para a nossa pesquisa e conta a estória de uma jovem que passa a ser possuída pelo espírito de um amoroso pretendente no momento em que essa jovem está por se casar com um rapaz escolhido por seu pai. Esse espírito obsessor da moça é um hassidin (rabino que se iniciou nas práticas da cabala) cujo pai o havia prometido em casamento à filha de um amigo seu quando esses filhos ainda eram crianças.

Quando as crianças cresceram, o rapaz perde o pai e se torna um pobre religioso sem recursos. O pai da moça pretende para sua filha um jovem rico e esquece do pacto feito. O rapaz religioso ao ver a moça, apaixona-se loucamente por ela e inicia uma série de atos místicos para obter riquezas envolvendo espíritos das trevas, atos esses que o levam à morte dentro da sinagoga. A partir desse momento, seu espírito se transforma num dibuk da amada, que serve de médium e este fato deixa o seu pai angustiado. O velho procura os rabinos para exorcizar o espírito (doutrinar?) e um dos rabinos, intuído por sonhos, invoca o espírito do pai do rapaz morto e lhe indaga o motivo daquela situação assim como lhe propõe a libertação da moça.

O espírito conta toda a trama mas não aceita acordos. Os rabinos fazem uma sessão com a moça e todas as fórmulas de esconjuração são tentadas em vão, contra o espírito do rapaz. Ao final da peça a moça desencarna acompanhando o espírito amado.

Como tivemos oportunidade de ver, esta jóia da dramaturgia judaica tem, no seu conteúdo, uma série enorme de situações explicáveis pela doutrina dos espíritos. O espírito do jovem desencarna carregando o obsessivo desejo de possuir a moça e é isso mesmo que ele realiza de forma espiritual. Na peça temos cenas de doutrinação, invocação, percepção intuitiva e outros fenômenos que estão por merecer uma montagem para espíritas em casas espíritas e por espíritas.

BIBLIOGRAFIA

SHAKESPEARE, W. A tragédia de Hamlet – tradução de Péricles Eugênio da Silva Ramos – 1965, Imprensa Oficial do Estado de São Paulo.

_________ Macbeth, tradução de Geir Campos, 1970, Civilização Brasileira, Rio de Janeiro.

SÓFOCLES. Édipo Rei, tradução Mário da Gama Fleury, 1968, Civilização Brasileira, Rio de Janeiro.

VIEIRA, C. Um uísque para o Rei Saul, Revista Sbat, out./dez. 1980.

LAGGERVICH, P. O Túnel, datilografada.

_________ O Dibuk, Editora Brasiliense, São Paulo.

SARTRE, J.P. Entre Quatro Paredes, datilografada.

KARDEC, A. Obras básicas.

SKI, S.A. O Dibuk, Editora Brasiliense, 1968, São Paulo.

II PARTE

IX CONGRESSO BRASILEIRO DE JORNALISTAS E ESCRITORES ESPÍRITAS (CONBRAJEE-86)

CAPÍTULO I

FERTILIDADE E TURBULÊNCIAS: DE 1939 A 1995

Os congressos de jornalistas e escritores espíritas desapareceram. Mas tiveram vida profícua, pode-se dizer com tranqüilidade. E deixaram atrás de si uma fecunda semente de criatividade. O último deles ocorreu em 1986: foi o IX Congresso Brasileiro de Jornalistas e Escritores Espíritas, realizado em São Paulo quarenta e sete anos após o primeiro. O X era para acontecer dali três anos em Curitiba, data deliberadamente escolhida para coincidir com o cinqüentenário de criação deste importante evento. Mas quis o destino que não ocorresse por questões que não vêm ao caso agora. Após a mudança de rumos da Abrajee em 1995, quando se transformou em Abrade, sobrou-lhe um cantinho na memória histórica, um pedaço de lembrança no I Congresso de Divulgadores do Espiritismo realizado em Recife, no ano de 1997.

Deolindo Amorim escreveu em 1972 suas reminiscências sobre o primeiro congresso realizado em 1939, em pleno regime ditatorial de Getúlio Vargas. Antes, ainda em dezembro de 1939, a revista Reencarnação, da Federação Espírita do Rio Grande do Sul, havia registrado o acontecimento em reportagem publicada em suas páginas. Jorge Rizzini fez correções às reminiscências de Deolindo com base em depoimentos anteriores do próprio Deolindo e em documentos primários. Tudo para deixar fatos, datas e nomes mais claros, conforme a realidade apreendida.

Os congressos de jornalistas e escritores espíritas fizeram história, daí a importância desse registro. São eles a prova viva dos movimentos que começam sem pretensões maiores ou que são desencadeados como reação a outros movimentos e depois se tornam paradigmas. Foi o caso aqui. O verdadeiro motivo para a realização do primeiro congresso foi a necessidade de firmar o Espiritismo como uma conquista sócio-cultural, por causa dos ataques a que estava sendo sub-

1. RIZZINI, Jorge. Kardec, Irmãs Fox e outros, Ed. EME, Capivari, 1995.

Foto histórica do I Congresso Brasileiro de Jornalistas e Escritores Espíritas, feita minutos antes da abertura solene no dia 15 de novembro de 1939, na sde de Associação Brasileira de Imprensa, ABI. Vê-se, sentados, da esquerda para a direita: 1) Dr. J.C.Moreira Guimarães; 2) Carlos Imbassahy; 3) Antonio Alves Ferreira, de Macaé; 4) Prof. Pierre Ribeiro, de Macaé; 5) Representante da Federaçao Espírita do Estado do Rio; 6) Dr. Herbert Moses, presidente da ABI; 7)Francisco Tiago Alves, secretário do congresso; 8)Deolindo Amorim, presidente do congresso; 9) Dr. Leôncio Correia, presidente de honra do congresso; 10) Dr. Ignácio Ferreira, Uberaba, MG; 11) Visitante; 12) Francisco Klörs Werneck, da comissão organizadora; 13) Dr. Luiz Autuori; 14) Dr. Levindo Melo; 15) Coronel Francisco José Dutra. De pé, congressistas, representantes e visitantes.

metido então pela Sociedade de Medicina e Cirurgia do Rio de Janeiro. O contexto impunha cuidados, segundo registrou Deolindo Amorim:

> "Estávamos sob o regime de ditadura. A tribuna espírita era freqüentemente *controlada* pela Polícia. Vivíamos sob a asfixia da liberdade, em todos os sentidos. Só se falava em *patriotismo, nacionalismo, integridade nacional, unidade nacional*, segundo a propaganda oficial através do DIP (Departamento de Imprensa e Propaganda), o órgão que *controlava* toda a imprensa e o rádio. O momento era delicadíssimo. Insinuava-se que os espíritas eram contra a idéia de Pátria, e isto, naquele momento, era gravíssimo"[1]

Na Europa, eclodia a Segunda Grande Guerra; no Brasil, o regime de Vargas em seu auge. O congresso dos jornalistas espíritas conseguiu seu intento de dar maior visibilidade às idéias espíritas e conter o ímpeto dos adversários do Espiritismo. Deolindo foi uma das figuras que despontaram nessa época, vindo a tornar-se, posteriormente, juntamente com outros nomes do jornalismo como Herculano Pires, um dos condutores da chama da liberdade de pensamento entre os espíritas, contribuindo vivamente para a criação de uma cultura de independência e autonomia na relação entre indivíduos e instituições doutrinárias.

Daquele primeiro congresso resultaram algumas decisões objetivas: a continuidade do evento e a criação, posteriormente, de uma associação de jornalistas e escritores espíritas estão entre estas. Mas uma conseqüência natural foi a descoberta, mais tarde, da influência de tão expressivo evento no desenvolvimento das idéias espíritas sob o regime da liberdade de pensamento. Esse fato é tanto mais importante quando se sabe que o movimento doutrinário, na sua faceta de comunidade de adeptos de uma filosofia, não dispunha de uma tradição democrática, seja porque o contexto social brasileiro mantinha sua característica geral autoritário-paternalista, com influências diretas sobre o comportamento dos espíritas e o modo como o Espiritismo no país se estruturava, seja por conta do aspecto religioso prevalecente no próprio meio espírita, contribuindo decisivamente para a

1. RIZZINI, Jorge. *Kardec, Irmãs Fox e outros*. 2ª edição Eldorado/EME, Capivari, 1995, p. 182.

instalação de um regime que controlava a liberdade de expressão em favor da predominância dos grupos considerados mais esclarecidos.

O fato objetivo que inspirou a realização do congresso de 1939 era, portanto, circunstancial. Melhor dizendo, contingencial. Uma vez ultrapassado, restariam outras razões para que o evento prosseguisse e estas seriam, de fato, razões determinantes de sua importância. Pressionados por grupos socialmente organizados e politicamente influentes, os espíritas responderam com um evento de considerável proporção realizado na Associação Brasileira de Imprensa (ABI) , instituição por si só já então respeitada, e na Liga Espírita do Brasil. A presença no congresso de figuras de projeção nacional representou um grande apoio no sentido de tornar visível à sociedade que o Espiritismo estava acima das pressões provenientes de movimentos sectários e preconceituosos.

A decisão de prosseguir com o evento a cada período de três anos tomada no congresso pode ser vista como conseqüência contingencial. De repente, os espíritas percebem que unidos são mais fortes mas são, também, mais capazes de traçarem rumos para um movimento com um expressivo grau de desorganização. É preciso lembrar que em 1939 não havia no Espiritismo brasileiro senão esboços pálidos de uma consciência de união em torno dos ideais comuns. A Federação Espírita Brasileira (FEB), a seu modo, decidira politicamente em 1904 conduzir o movimento através da criação de um órgão interno com tal finalidade, porém, em 1939 ainda não haviam sido realizadas ações objetivas naquela direção. Há notícia de iniciativas isoladas com esse propósito, como a que ocorreu em 1926 e culminou com a fundação da Liga Espírita do Brasil cuja finalidade seria conduzir a organização do Espiritismo no país. Mas a FEB reivindicou para si essa responsabilidade e agiu no sentido de alterar os rumos dados à Liga Espírita, tornando-a uma instituição regionalizada na então Capital da República, o Rio de Janeiro. No entanto, não conseguiu reunir forças para realizar o trabalho de união. Como se sabe, o acontecimento denominado Pacto Áureo, pelo qual a FEB derrotou as resistências e assumiu definitivamente o destino do movimento doutrinário oficial ocorreu apenas em 1948, dentro de um contexto específico cujos envolvimentos ultrapassam os objetivos deste livro.

Não se tem notícia de congressos espíritas no Brasil até 1939. Na Europa, diversos deles aconteceram, alguns com a participação de espíritas brasileiros. Mas também lá eles escasseavam. O último havia ocorrido em Paris, em 1925, sob a presidência de honra do octogenário Leon Denis. Portanto, o estabelecimento de uma tradição em congressos espíritas no País se deveu a essa primeira iniciativa de 1939 e sua continuidade era por demais oportuna. O fato de haver sido uma iniciativa dos profissionais da área de comunicação social, inicialmente os jornalistas e posteriormente com a inclusão dos escritores implica o reconhecimento de que abrangia um considerável espectro dos baluartes da liberdade de pensamento. E isso se constitui em fator de fundamental importância para as conseqüências que adviriam.

O II Congresso Brasileiro de Jornalistas e Escritores Espíritas, contudo, demora 19 anos para acontecer. A desorganização provocada pela Segunda Guerra Mundial e outros fatores presentes no contexto social brasileiro contribuíram para esticar o tempo entre a iniciativa pioneira e o novo evento. Aqui é preciso corrigir um erro que vem se repetindo em publicações diversas sobre o assunto. Ao contrário do que foi publicado, por exemplo, nos Anais do VII Congresso realizado no Rio de Janeiro, o II Congresso não aconteceu em 1947 e, sim, em 1957. E a explicação mais lógica para isso é que em 1947 o Clube dos Jornalistas Espíritas de São Paulo, organizador do congresso, não havia sido fundado. Sua fundação ocorreu somente no ano seguinte, 1948. Portanto, o II Congresso aconteceu em São Paulo em 1957, sob a responsabilidade daquele Clube, recuperando assim um evento de decisiva importância.

Daí em diante, não sem alguns percalços, houve maior regularidade: em 1961, o III Congresso aconteceu em Belo Horizonte; em 1968, o IV em Curitiba; em 1972, o V foi em Niterói, o VI em 1976, em Brasília; o VII no Rio de Janeiro em 1979; o VIII em 1982, em Salvador e, finalmente, o IX em 1986, em São Paulo, encerrando o ciclo de congressos específicos das categorias de jornalistas e escritores espíritas.

A outra decisão de 1939 foi concretizada em 1976, por ocasião do VI Congresso realizado em Brasília: a fundação da Associação Brasileira de Jornalistas e Escritores Espíritas, que ficou conhecida pela sigla Abrajee, assumiu a responsabilidade de coordenar os próximos congressos e teve como presidente, até sua desencarnação em 1985, o jornalista Deolindo Amorim. Em 1995, porém, a Abrajee foi transformada em Associação Brasileira de Divulgadores do Espiritismo (Abrade), como medida para superar uma crise de identidade em vista dos novos tempos. E a história da metamorfose da Abrajee em Abrade precisa ser contada em seus lances mais destacados, não só por causa de sua importância para o Espiritismo brasileiro como, também, pela necessidade de se compreender os fatos que conduziram àquela transformação, além, claro, da relação desses fatos com os futuros congressos de jornalistas e escritores espíritas.

A ABRAJEE SOBREVIVE COMO ABRADE

A Abrade surgiu tímida, com apenas quatro entidades estaduais: Associação dos Jornalistas Espíritas de São Paulo (AJE-SP), fundada em 1989, Associação de Divulgadores do Espiritismo do Estado de Pernambuco (ADE-PE), e as ADEs do Rio de Janeiro e Rio Grande do Sul em fase de constituição.

Entretanto, para chegar até este ponto, um longo caminho foi percorrido, com marchas e contra-marchas. Para compreender o processo, é preciso retornar a 1984, ano da desencarnação do jornalista Deolindo Amorim. Ao deixar o corpo físico, Deolindo deixa, também, de exercer a influência que possuía sobre a instituição historicamente importante do Espiritismo que a Abrajee de fato era. Como idealizador do primeiro congresso, fundador e presidente da Abrajee e, então, seu presidente de honra, era em Deolindo que a instituição se assentava. Respeitado por tudo o que representou para o pensamento espírita brasileiro, ao deixar a vida física abre uma lacuna para cujo preenchimento a Abrajee terá dificuldade imensas de encontrar substituto. E não encontrará.

Dois anos antes, em 1982, já uma parcela dos sócios da Abrajee reivindicava uma participação maior nos seus destinos. Pedia que sua diretoria fosse mais representativa dos Estados brasileiros, ao invés de ser constituída apenas por sócios do Rio de Janeiro. Na verdade, não apenas a diretoria mas o próprio Conselho Superior era integrado por maioria absoluta de espíritas de um mesmo Estado, o Rio. Nazareno Tourinho, jornalista e escritor residente em Belém do Pará e membro do Conselho Superior foi um dos que tomaram a iniciativa de fazer gestões para promover as mudanças reclamadas. Aproveitando-se do clima positivo criado pelo recém-concluído Congresso de Salvador e diante da proximidade das eleições na Abrajee no segundo semestre de 1982, Nazareno argumentou que o Estado de São Paulo não poderia estar ausente da diretoria, conseguindo a 2ª vice-presidência para os paulistas.

Mas a ausência de Deolindo terá reflexos mais amplos. Cerca de quatro anos depois de sua desencarnação, o então presidente da

Abrajee, Américo Borges de Souza, sem nenhuma consulta ao quadro de sócios, resolve solicitar adesão à Federação Espírita Brasileira, obtendo um assento no Conselho Federativo Nacional. O fato pega de surpresa uma expressiva parcela de sócios, que, especialmente em São Paulo, não compreende a medida e passa a questioná-la publicamente, tendo como argumento principal o seu significado negativo sobre a autonomia da instituição. Desencadeia-se, então, a maior crise institucional da Abrajee.

Inúmeras gestões são iniciadas com vistas a reverter a situação, mas a direção da Abrajee, baseando-se na autonomia da diretoria e na crença de que a adesão à FEB era conveniente ao movimento espírita, mantém a decisão. A crise, contudo, aumenta e leva à presidência da Abrajee o jornalista Abstal Loureiro, que tinha por meta, entre outras, iniciar a transformação da Abrajee em Abrace (Associação Brasileira dos Comunicadores Espíritas) e rediscutir a situação junto ao CFN. Uma de suas primeiras iniciativas é reunir-se com os jornalistas e escritores espíritas de São Paulo, onde ouviu e prometeu atender à reivindicação de rediscutir a questão da filiação à FEB.

Entretanto, mais tarde, sob a pressão contrária de outras correntes dentro da diretoria da Abrajee, Abstal Loureiro recuou da intenção de rediscutir o assunto CFN e manteve a disposição de transformar a instituição em Abrace. Este fato desencadeou o afastamento definitivo da representação da Abrajee em São Paulo e deu início ao processo criação da AJE-SP. Então representante nomeado para o Estado, o jornalista Altamirando Carneiro, atendendo decisão dos seus pares, tornou público o afastamento:

> "Comunico a este órgão da imprensa que me afastei da direção da Representação paulista da Associação Brasileira de Jornalistas e Escritores Espíritas, juntamente com a diretoria por mim constituída, conforme carta dirigida à Representação Nacional do Rio de Janeiro, em 22/09/89. Outrossim, certifico que esta decisão foi tomada devido ao deterioramento das relações entre a Representação de São Paulo e a Abrajee, em virtude de posições por esta diretoria, contra a filiação da Abrajee ao Conselho Federativo Nacional da Federação Espírita Brasileira".

Dois dias depois do rompimento oficial com a Abrajee, ou seja, em 24 de setembro de 1989, foi fundada a Associação dos Jornalistas

Espíritas do Estado de São Paulo (AJE-SP). Quase trinta dias depois, em 22 de outubro, os membros da assembléia de fundação voltaram a se reunir para eleger a primeira diretoria da instituição, que teve Wilson Garcia como presidente, Luís Fuchs como 1º vice-presidente e João Pascale como 2º vice-presidente. Completaram a diretoria Ivan Renê Franzolim e Altamirando Carneiro, 1º e 2º secretários, Eunilto Carvalho e Julia Nezu, 1º e 2º tesoureiros, Eder Fávaro, assessoria de relações públicas, e Hamilton Saraiva, assessoria de artes. Nas disposições gerais do Estatuto aprovado estava assegurado que a instituição não se filiaria a nenhuma organização, com uma única ressalva: estava disposta a integrar o Conselho Nacional de associações estaduais, caso a idéia fosse vitoriosa. Era uma porta aberta para o projeto defendido com vistas à modernização da Abrajee.

Logo após à primeira assembléia de fundação da AJE-SP, realiza-se em Brasília o primeiro Congresso Internacional de Espiritismo organizado pela Federação Espírita Brasileira. Os fatos envolvendo a Abrajee, o CFN e a fundação da AJE-SP repercutiam no evento quando, por iniciativa dos espíritas paulistas juntamente com o paraense Nazareno Tourinho, surgiu uma proposta de realização ali de uma reunião paralela para discussão da questão, proposta essa que recebeu apoio da coordenação do congresso e aquiescência do presidente da Abrajee, Abstal Loureiro, bem como de inúmeros outros congressistas interessados no assunto. Loureiro, entretanto, aceitou participar apenas a título de observador.

Foram cerca de duas horas de discussão e apresentação de diversas propostas conciliadoras com a presença de cerca de 30 pessoas. O jornal Correio Fraterno do ABC, em sua edição de novembro de 1989, publicou a seguinte nota:

> "Um grupo de espíritas, reunidos em Brasília no dia dois de outubro último, durante a realização do Congresso Internacional de Espiritismo, decidiu propor à direção da Associação Brasileiro de Jornalistas e Escritores Espíritas - Abrajee, algumas modificações na sistemática de organização da entidade, com a finalidade de modernizá-la e dar mais dinamismo ao trabalho a nível estadual, seguindo o exemplo de São Paulo, que decidiu criar a sua própria associação. (...) Os espíritas paulistas deixaram claro que estão dispostos ao trabalho conjunto, unido, apoiando a proposta que então se fazia à Abrajee".

O vídeo da reunião mostra que havia, entre os presentes, um consenso a respeito das duas questões fundamentais a merecer solução: a adesão ao CFN da FEB e a estrutura organizacional da Abrajee, vista como ultrapassada. Mas a maioria tinha ponto de vista concorde, também, no que diz respeito à fundação da AJE-SP e a justeza dessa decisão. O presidente da Abrajee, Abstal Loureiro, manifestou em seu depoimento aprovação à atitude dos paulistas, mas afirmou que o fazia em caráter pessoal, portanto, não como presidente da instituição.

> "Eu, pessoalmente, acho salutar a idéia de se fundar uma instituição em São Paulo; no dia que cada unidade tiver a sua associação e essas forem vinculadas entre si por adesão, como é o CFN, estará resolvida a questão. No meu entender, cada representação deve bastar-se a si própria e não depender da sede para determinados assuntos locais. Eu acho certo, que está correta a decisão de São Paulo".

Nesta linha de raciocínio, opinaram outros espíritas, como Nazareno Tourinho, Ildefonso do Espírito Santo e Gil Restani. Ildefonso foi taxativo: "De um lado está a Abrajee, que precisa realmente se modificar, a estrutura de representações é uma estrutura superada". Nazareno Tourinho, entre outras coisas, afirmou que era preciso recompor a Abrajee "a fim de que ele funcione com mais dinamismo, respondendo ao espírito democrático que é a essência da nossa atividade".

Gil Restani, representante da Abrajee em Minas Gerais, além de concordar com a necessidade de modernização da instituição propôs a realização de uma assembléia geral durante as prévias do X Congresso, marcadas para abril do ano seguinte, 1990, na cidade de Contagem, com a finalidade de discutir e resolver todas as questões. Para isso, bastaria a aprovação da direção da Abrajee.

A prévia de Contagem foi realizada mas a assembléia geral da Abrajee, não. No período entre o fim do congresso de Brasília e a prévia, a Abrajee mudou mais uma vez de presidente. Desgastado, Abstal Loureiro deixou o cargo, entrando em seu lugar o advogado Orlando França Sobreira, que compareceu em Contagem acompanhado de outros dois dirigentes. Com a presença destes e a de todos os inscritos na prévia (cerca de 150 pessoas), foi feita uma nova tentativa de entendimento sobre os rumos da Abrajee, mas a tumultuada reunião, presidida por Nazareno Tourinho, em que mais uma vez a maioria reafirmou a necessidade de implantação de uma nova estrutura na Abrajee não teve um desfecho positivo. Dias após, a diretoria da instituição, reunida no Rio de Janeiro, tomou três decisões radicais: tornou sem efeito a prévia, condenou todas as decisões ali tomadas e destituiu do cargo o seu representante em Minas Gerais e coordenador da prévia, Gil Restani.

A medida inviabilizou a realização do X Congresso Brasileiro de Jornalistas e Escritores Espíritas. Marcado para Curitiba, o evento não aconteceu na data prevista, 1989, por conta de dificuldades de entendimento entre os espíritas paranaenses que assumiram a responsabilidade. Tratava-se de um evento importante, que deveria comemorar os 50 anos de realização do primeiro congresso. Os mineiros, Gil Restani à frente, assumiram o encargo e pretendiam realizar o X Congresso em 1991 na capital do Estado.

Ao tomar a atitude radical, sob a noção de que a pretendida mudança da Abrajee era um ato orquestrado para aniquilá-la, a diretoria executiva buscou minimizar a situação ao assumir a organização de uma outra prévia no mês de janeiro de 1991, no Rio de Janeiro. Expediu, então o seguinte comunicado:

> "A Abrajee - Associação Brasileira de Jornalistas e Escritores Espíritas comunica que realizará nos dias 26 e 27 de janeiro de 1991, a Prévia do X Conbrajee - Congresso Brasileiro de Jornalistas e Escritores Espíritas.
>
> Na pauta de trabalhos da prévia constam os seguintes: Discussão do anteprojeto do Regimento do X Conbrajee; Debate sobre o "Pensamento norteador da Abrajee; O papel da imprensa espírita; plenária para assuntos gerais.
>
> a) A Abrajee oferecerá hospedagem para duas pessoas de cada Representação (Representante e respectivo Assessor):
>
> b) As delegações deverão informar com antecedência, o dia e a hora da chegada no Rio de Janeiro, bem como o meio de transporte, através de correspondência ou dos telefones (021) 230-5813 e 222-7018;
>
> c) As delegações que não informarem antecipadamente sua chegada deverão, quando de seu desembarque, dirigir-se diretamente ao local do encontro: Rua dos Inválidos, 182 - Centro - Rio de Janeiro, sede da USEERJ".

A situação da Abrajee tornava-se cada vez mais crítica; a sua diretoria isolava-se dos associados e afastava, por atos arbitrários, aqueles que aderiam ao projeto de mudança institucional. As representações estaduais estavam desorientadas e imobilizadas. Dentro desse quadro, a prévia do Rio de Janeiro estava fadada ao insucesso. Foi o que ocorreu: por falta de inscritos, a prévia não foi realizada, sepultando definitivamente o X Congresso.

Quando o advogado Orlando França Sobreira, em fins de 1993, deixou a presidência, a Abrajee entrou em um caminho sem volta. Sem quadros para prosseguir funcionando, os conselheiros remanescentes bateram à porta do paulista radicado em Volta Redonda, Alfredo Miranda Prado, grande amigo de Deolindo Amorim, propondo-lhe a direção da entidade. Conciliador, Prado aceitou a incumbência com uma condição: a de promover as mudanças necessárias há muito reclamadas, permanecendo na direção da Abrajee apenas enquanto a transição ocorresse.

Em princípios de 1994, Prado nos procurou na AJE-SP, informando sobre seus planos e pedindo apoio. A AJE-SP estava organizando o seu I Simpósio Paulista de Comunicação Social Espírita, marcado para o período de 22 a 24 de abril, na capital. Embora com o programa definido, foi possível colocar na pauta uma reunião paralela com vistas a reunir os espíritas interessados em discutir de maneira informal a situação da Abrajee, a partir da nova e promissora situação, especialmente porque o simpósio contaria com a presença de representantes de vários Estados brasileiros.

O encontro foi altamente positivo. Prado reafirmou sua disposição de dialogar para alcançar uma definição que fosse boa para todos, sem deixar de anotar que a situação da Abrajee pedia a aglutinação geral para busca de uma solução positiva, caso contrário ela poderia desaparecer. Em clima de tranqüilidade, foi aprovada a realização de uma nova reunião, destinada especialmente a discutir propostas concretas para a instituição.

Esta aconteceu no dia 13 de agosto de 1994, em Belo Horizonte, com a participação de representantes de cinco Estados: São Paulo, Rio de Janeiro, Minas Gerais, Bahia e Mato Grosso do Sul. Duas propostas alcançaram o consenso entre os presentes: ampliação da área de atuação da Abrajee, para o que ela se transformaria em associação de divulgadores, não se restringindo mais a apenas jornalistas e escritores; e incentivo à constituição nos diversos Estados brasileiros de associações de divulgadores, nos moldes da AJE-SP, ou seja, independentes e ligadas à futura Abrade através da constituição de um Conselho Nacional. A decisão final caberia à assembléia extraordinária da Abrajee, a ser convocada com a finalidade de modificação dos seus Estatutos Sociais, após aquiescência da diretoria executiva, que se reuniria em seguida no Rio de Janeiro. Finalmente, os presentes à reunião aprovaram a formação de uma comissão encarregada de dar forma final à proposta, constituída por Ildefonso do Espírito Santo, Ivan René Franzolim e Alfredo Miranda Prado.

No mês de novembro de 1994, assinado pelo presidente Alfredo Miranda Prado, foi expedido um Edital de Convocação com o seguinte teor:

> "O presidente da Associação Brasileira de Jornalistas e Escritores Espíritas - Abrajee, no uso de suas atribuições estatutárias - alínea "f" do Artigo 31 - convoca os sócios efetivos para se reunirem em Assembléia Geral Extraordinária e cumprirem a seguinte Ordem do Dia:
>
> a) decidir sobre a reforma do Estatuto da Abrajee, com base no que estabelece o Art. 20 do Estatuto, combinado com a alínea "d" do Art. 17, bem como a mudança de nome para Abrade;
>
> b) inteirar-se do Estatuto padrão a ser proposto para as Associações dos Divulgadores do Espiritismo - ADEs, a serem instaladas no Distrito Federal e nos Estados, a exemplo do que ocorreu em São Paulo;
>
> c) assuntos gerais.
>
> Instalação da Assembléia
> Dia 15/01/95
> Hora: 9 horas
> Local: Auditório da USEERJ, Rua dos Inválidos, 182 - Centro, Rio de Janeiro, RJ.
>
> **Observação**
>
> Ficam os sócios efetivos da Abrajee convidados para uma reunião preparatória da referida assembléia, a realizar-se no mesmo local, no dia 14/01/95 (sábado), às 14 horas para:
>
> a) tomarem conhecimento das atividades desenvolvidas pela Abrajee durante o exercício de 1994;

b) tomarem conhecimento do Parecer do Conselho Superior da Abrajee sobre a reforma do Estatuto, de conformidade com o que estabelece a alínea "h" do Art. 23."

A reunião preparatória do dia 14 não apenas cumpriu a pauta para a qual foi convocada, como também iniciou as discussões em torno da minuta de Estatuto que apresentamos em nome da AJE-SP. A reunião prenunciava prolongar-se por longo período, mediante o que foi formada uma comissão para prosseguir o ajuste do Estatuto, aproveitando as diversas propostas que surgiram durante as discussões. Essa comissão, formada por Ildefonso do Espírito Santo, Wilson Garcia, Eder Fávaro e Marcus Vinícius Ferraz Pacheco, trabalhou durante quase toda a noite na preparação do texto final. Ainda assim, duas propostas foram colocadas em discussão: uma de Ildefonso do Espírito Santo, que propunha o adiamento da aprovação do Estatuto até a formação de um número mínimo de ADEs; outra, colocada por mim, que propunha a aprovação do Estatuto e um prazo de seis meses para a formação da diretoria executiva da Abrade, durante o qual seriam envidados esforços para a formação de ADEs. A segunda proposta foi aprovada e a nova reunião foi marcada para o dia 15 de julho de 1995.

Duas outras propostas foram ainda discutidas naquela reunião: a desfiliação da Abrajee do Conselho Federativo Nacional e a realização do I Congresso Brasileiro de Divulgadores do Espiritismo. A primeira foi apresentada pelo presidente do Instituto de Divulgação Espírita da Bahia, Marco Aurélio Medrado, e foi rejeitada pela assembléia; a segunda foi apresentada pela AJE-SP, sugerindo sua realização em Pernambuco. Foi aprovada com o posterior referendum dos membros da ADE-PE.

O jornal "O Clarim", em sua edição de 15 de janeiro de 1995, informou sobre as transformações ocorridas na Abrajee, afirmando: "através de nosso representante junto à Abrajee, atual Abrade, Aparecido Belvedere, presente à referida AGE, pudemos constatar a alegria e o entusiasmo de todos os presentes, antevendo-se que a nova entidade representativa dos divulgadores do Espiritismo certamente dará continuidade às grande realizações da Abrajee, fundada em 1976 no VI Congresso Brasileiro de Jornalistas e Escritores Espíritas".

Finalmente, no dia 15 de julho de 1995, uma nova e definitiva assembléia na sede da USEERJ selou a transformação da Abrajee em Abrade, elegendo a sua primeira diretoria executiva e referendando a realização do seu primeiro congresso em Recife, em acordo com a ADE local. Tornaram-se membros da diretoria: Wilson Longobuco, presidente, Eder Fávaro, vice-presidente, e Marcus Vinícius, secretário executivo. No período entre janeiro e julho, ou mais precisamente em março de 1995, a AJE-SP, cumprindo o compromisso de dar todo o apoio à nova instituição, havia se transformado em Associação de Divulgadores do Espiritismo do Estado de São Paulo.

Wilson Longobuco, primeiro presidente da Abrade, logo após sua eleição para o cargo, e Marcus Vinicius, secretário. A transformação da Abrajee em Abrade foi realizada na sede da União das Sociedades Espíritas do Estado do Rio de Janeiro.

CAPÍTULO II

O CONGRESSO DE SÃO PAULO

Os fatos narrados no primeiro capítulo oferecem uma visão sobre o período compreendido entre 1939 e 1995. O congresso de São Paulo ocorre exatamente em 1986, portanto, após 1982, quando ocorreu o VIII congresso e os acontecimentos que deram origem às mudanças na Abrajee. Torna-se, assim, necessário, vez por outra, retornar aos fatos anteriores para melhor compreender os problemas enfrentados pelos paulistas na organização de seu congresso e a relação entre aqueles fatos e os desdobramentos posteriores.

Ao final do VIII Congresso de Salvador, Bahia, os congressistas, cumprindo a pauta do dia, aprovaram a proposta da capital paulista para sede do IX Congresso. E fizeram mais, definiram, também, o seu patrono, Cairbar Schutel, aduzindo uma recomendação para o tema central: *Literatura Espírita*. A delegação de São Paulo, a segunda maior daquele congresso – só perdia em número para a da Bahia – retornou ao seu Estado disposta a manter a tradição de realização do evento obedecendo ao período de três anos.

Ainda no ano de 1982, em eleições para a nova diretoria da Abrajee, o Estado de São Paulo foi contemplado com a 2ª vice-presidência, cargo para o qual fomos designados. Entre as nossas incumbências estava a constituição da comissão organizadora do IX Congresso e a definição do novo representante da Abrajee no Estado. Indiquei, então, o meu inesquecível amigo Hélio Rossi, que assumiu os dois encargos, dando início efetivo à preparação do evento juntamente com uma equipe de colaboradores.

Se no ano de 1939, quando da realização do 1º Congresso de Jornalistas e Escritores Espíritas, o ambiente político da ditadura Vargas assinalava um controle sobre os meios de comunicação, restringindo a liberdade de expressão, na primeira metade da década de 1980 o Brasil aguardava ansiosamente o fim de uma outra ditadura: a dos militares que tomaram o poder em 1964.

A comissão organizadora se tornou vítima desse contexto ao definir a data do IX Congresso para um período que, posteriormente, foi confirmado para o retorno das eleições nas capitais estaduais e demais municípios brasileiros: novembro de 1985. Não havendo como antecipar o evento, a solução foi transferir o congresso para abril de 1986, quando de fato ele se realizou.

A comissão organizadora tinha um compromisso moral claro: manter e se possível melhorar a qualidade do VIII Congresso de Salvador. Compreendia-se a sua importância como algo que transcendia à sua simples realização material. Salvador marcou uma mudança de mentalidade na organização de eventos dessa natureza nos meios espíritas, em especial no âmbito da Abrajee.

Os congressos espíritas de jornalistas e escritores seguia um modelo que já não mais atendia aos avanços tecnológicos e às conquistas sociais. Era um modelo que privilegiava as grandes discussões, os grandes temas, com longas reuniões plenárias e uma idéia de submissão de teses à aprovação geral, com vistas à sua adoção pelo movimento em sua dimensão nacional. Era um congresso visto como uma verdadeira autoridade capaz de dar a palavra final em termos de interpretação do Espiritismo. O crescimento, contudo, do número de espíritas e da quantidade de organizações doutrinárias, além das mudanças sociais e culturais tornavam essa noção inóqua.

O modelo estava esgotado. A idéia de um congresso com esse perfil não só se revelava inapropriado como também desmotivante. A equipe de Salvador comandada pelo médico Ildefonso do Espírito Santo havia provado isso. O VII Congresso, realizado no Rio de Janeiro em 1979, não conseguiu reunir sequer uma centena de inscritos e esse dado está registrado em seus anais.

Ao compreender o fato, Salvador decidiu-se por uma metodologia que se não eliminou de vez a grande plenária para debate de teses reduziu o seu espaço ao mínimo indispensável, agora já sob a noção da inoportunidade de tomada de decisões definitivas sobre as propostas enviadas. Um congresso não se esgota em si mesmo. Ele é, quase sempre, o espaço de discussão de idéias, discussão que prossegue no pós-congresso, quando os temas retornam à realidade prática do cotidiano social.

Além disso, era preciso tornar o congresso um espaço de múltiplas vozes, de discursos variados, bem como de atividades técnicas, educativas e culturais, ampliando as possibilidades de participação e expressão do conjunto da sociedade espírita, antes limitada aos seus poucos líderes intelectuais.

O VIII Congresso contemplou tudo isso. Pesquisas realizadas ao final do evento revelaram uma ampla maioria de congressistas satisfeitos com o modelo aplicado. Era, pois, necessário manter essa conquista para consolidar a nova mentalidade.

O empenho da equipe de Salvador mostrou-se extremamente motivador. Quase todos os Estados brasileiros estiveram representados na capital baiana em número expressivo de congressistas. São Paulo participou com uma delegação de mais de sessenta pessoas, dois terços do número de inscritos totais no congresso anterior do Rio de Janeiro. Pernambuco e Rio de Janeiro levaram delegações de quase cinqüenta pessoas cada.

Sob os reflexos de Salvador, a comissão organizadora do IX Congresso deu início ao planejamento detalhado do evento. Aprovou em definitivo o tema central: "Literatura espírita mediúnica e não-mediúnica", e adotou como tema paralelo: "A imprensa espírita e sua função doutrinária". Outras decisões importantes foram também tomadas:

- Confirmar como patrono do IX Congresso a figura pioneira de Cairbar Schutel.
- Preparar o lançamento de um livro biográfico sobre o patrono, para lançamento com exclusividade no IX Congresso.
- Definir a data do evento, inicialmente 14 a 17 de novembro de 1985, depois alterada para 18 a 21 de abril de 1986.
- Promover como atividade paralela o I Encontro Nacional de Editores de Livros Espíritas, com o objetivo de unir os editores e desenvolver esforços para a melhoria da edição e da distribuição dos livros.
- Escolha dos locais do congresso: abertura no Centro de Convenções Rebouças e desenvolvimento no Instituto Espírita de Educação.
- Adoção do lápis com a ponta quebrada como símbolo do evento, junto com o slogan: "Venha apontar novos caminhos".
- Alterar o sigla do evento, de CBJEE para Conbrajee-86.
- Lançamento de um Selo Comemorativo e de um Carimbo Postal.
- Aceitar o espaço oferecido pela Federação Espírita do Estado de São Paulo e torná-lo sede oficial da comissão organizadora.

A mudança de data do IX Congresso não foi o único percalço

sofrido pela comissão organizadora. Diversos outros surgiram ao longo do período. O de maior influência, que interferiu diretamente no desenvolvimento do evento foi decorrente da situação política que envolvia a Abrajee.

Os dois principais problemas chamavam a atenção de todos: a indefinição de rumos da instituição criada para reunir jornalistas e escritores espíritas, que dividia as opiniões entre os que pediam e os que não desejavam mudanças de foco para superar limitações decorrentes dessa realidade, e a situação particular do Estado de São Paulo, onde a indicação de Hélio Rossi havia criado uma forte oposição.

A situação interna da Abrajee possuía, no entanto, uma dimensão maior do que parecia. A instituição, desde que foi criada, não conseguia "decolar". Enquanto esteve sob a influência do seu idealizador, Deolindo Amorim, conseguiu sustentar um clima de harmonia, apesar das condições precárias de sua estrutura organizacional. Em 1984, contudo, Deolindo deixou o plano material terreno e abriu com isso uma lacuna que os próprios dirigentes da Abrajee não sabiam como suprir.

CONBRAJEE-86

VENHA APONTAR NOVOS CAMINHOS.

O logo do IX Congresso adotou o lapis como signo representativo de sua proposta

A discussão sobre o assunto alcançava as diversas regiões do país, mas tinha um foco intenso especialmente em São Paulo, onde se concentrava a maioria absoluta dos sócios da Abrajee, de forma que uma polarização entre São Paulo e Rio de Janeiro em torno da questão foi inevitável, já que a diretoria da Abrajee era praticamente constituída por espíritas deste último Estado. Também em São Paulo se concentrava a maioria dos veículos da mídia espírita.

Esta questão alcançou e interferiu nas atividades da comissão organizadora do IX Congresso, juntamente com a situação em torno da representação da Abrajee, exercida por Hélio Rossi. A disputa essencialmente política – não estava em discussão a capacidade e a liderança de Hélio Rossi, mas sua designação para o cargo em substituição a Pedro Antonio Valvano, até então o representante nomeado pela diretoria anterior.

Os conflitos entre os espíritas dos dois Estados ampliaram-se, bem como entre os próprios espíritas de São Paulo. A conseqüência foi uma campanha contra o processo de condução da organização do IX Congresso, que teve no Jornal Espírita, então ainda sob a direção da Lake[1], o principal ponto de resistência, com inevitáveis prejuízos para o evento.

Temeu-se por sua realização. A menos de seis meses da data, chegou mesmo a ser disseminada a falsa notícia de que o congresso não aconteceria. Havia dúvida de todos os lados, embora a comissão organizadora prosseguisse desenvolvendo normalmente, conforme cronograma previamente traçado, o seu trabalho.

O estado de saúde de Hélio Rossi, que acumulava os cargos de representante da Abrajee para São Paulo e presidente da comissão organizadora do IX Congresso, complicou-se e precisei ocupar o seu posto na comissão. O congresso foi mantido e finalmente realizado em abril de 1986.

PRÉVIAS E EVENTOS

Um intenso trabalho de promoção do IX Congresso foi desenvolvido ao longo do período de sua preparação. Alguns dos eventos programados tiveram a finalidade principal de arrecadar fundos para os trabalhos da comissão organizadora, cujo caixa partiu do zero e foi alimentado por muitos meses por doações feitas pelos próprios membros da comissão.

O médium João Pio de Almeida Prado doou para o evento um belíssimo quadro psicopictoriografado, posteriormente objeto de rifa. Uma feira de livros espíritas ocupou amplo espaço em uma das principais estações do Metrô da capital paulista em todo o mês de julho de 1984, espaço gentilmente cedido pela direção daquela empresa. Chamados a colaborar, muitos associados da Abrajee fizeram contribuições mensais durante um pequeno período.

Encontros sobre as finalidades e a estrutura do congresso, denominados prévias, constituíram tradição do evento. A comissão considerou que poderiam despertar o interesse do meio espírita em geral e decidiu pela programação de três deles, realizados respectivamente, nas cidades de Matão, reduto histórico do patrono do congresso, Cairbar Schutel, Bauru, importante centro administrativo do Estado, e Campinas, a cidade de maior renda per capta do país. Todos estes encontros foram organizados em conjunto com as instituições locais e associados da Abrajee da região.

Uma idéia que há muito vinha sendo objeto de estudos por parte de alguns segmentos do mercado editorial espírita terminou por ser colocado como proposta na prévia de Matão, realizada na sede da Casa Editora O Clarim: a oportunidade de reunir os responsáveis pelas editoras para a viabilização de um trabalho conjunto que proporcionasse não apenas uma racionalização de custos dos livros espíritas, mas que também pudesse avaliar os produtos editoriais quanto à sua qualidade doutrinária, a importante questão da distribuição e o empenho na sua promoção junto aos segmentos não espíritas do mercado.

À época, os livros espíritas enfrentavam grandes dificuldades para penetrar nas livrarias não espíritas, especialmente nas capitais. Apenas na década de 1990, estes livros conseguiram espaço, em virtude de uma maior profissionalização das editoras espíritas, influenciadas pela ampliação da quantidade de editores interessados no mercado espírita. Foi naquela década, também, que surgiram movimentos para fundação de associações de editores e livreiros espíritas, culminando com a criação de duas associações, das quais apenas uma permaneceria: a Adeler, cuja sede está localizada na capital paulista.

A prévia de Matão teve como um de seus resultados a aprovação da proposta de realização, em paralelo ao IX Congresso, do I Encontro Nacional de Editores de Livros Espíritas.

ABERTURA E DESENVOLVIMENTO

Às 20h do dia 18 de abril de 1986, data em que o Livro dos Espíritos completava 129 anos de lançamento, o Auditório do Centro de Convenções Rebouças encontrava-se totalmente tomado pelo público quando foi iniciada a cerimônia de abertura do IX Congresso Brasileiro de Jornalistas e Escritores Espíritas (Conbrajee-86). Foi mestre de cerimônia o jornalista Valentim Lorenzeti. A mesa diretora dos trabalhos foi constituída, na ordem de chamada, por Wilson Garcia, presidente da comissão organizadora, Alberto de Souza Rocha, 1º vice-presidente da Abrajee, Hélio Rossi, representante em São Paulo da Abrajee, Divaldo Pereira Franco, orador, Francisco Thiesen, presidente da Federação Espírita Brasileira, Nestor Masotti, presidente da União das Sociedades Espíritas do Estado de São Paulo, Teodoro Lausi Sacco, presidente da Federação Espírita do Estado de São Paulo, Cel. Gothardo de Miranda, do Instituto de Cultura Espírita do Brasil.

Após as boas vindas aos congressistas, Banda e Coral da Polícia Militar do Estado de São Paulo executaram o Hino Nacional e a marcha Glória a Kardec, cuja melodia é do Espírito Jonh Philip Sousa e letra do Espírito Manoel de Abreu, ambas recebidas pelo médium e escritor Jorge Rizzini. Em seguida, foi feito o lançamento oficial do carimbo comemorativo do IX Congresso, pelos representantes da Empresa de Correios e Telégrafos.

O grande nome do Congresso, Deolindo Amorim, não poderia deixar de ser lembrado. Desencarnado dois anos antes, sua figura se confundia com este evento e merecia ser devidamente registrada, através de uma homenagem especial. Sobre sua destacada personalidade, coube ao Cel. Gothardo de Miranda, que com ele conviveu por longos anos, apresentar um relato de sua vida e obra (texto reproduzido ao final) e, logo após, a presidência da mesa fez entregar a Dª Delta um cartão de prata alusivo à homenagem.

O médium Divaldo Pereira Franco, orador da noite, apresentou em sua fala diversos episódios da vida do patrono do Congresso, Cairbar Schutel, relembrando a importância e o pioneirismo de suas lutas pela implantação do Espiritismo no Estado de São Paulo. A cerimônia foi encerrada com o lançamento da biografia do patrono, escrita especialmente para o congresso por Eduardo Carvalho Monteiro e Wilson Garcia, seguida de uma sessão de autógrafos.

O jornal Correio Fraterno do ABC distribuiu uma edição especial para o IX Congresso, contendo as informações completas do evento: programação das atividades, horários, locais e expositores, além da reprodução dos trabalhos e teses enviados.

HOMENAGEM A DEOLINDO AMORIM

Eis o texto sobre Deolindo Amorim, apresentado pelo Cel. Gothardo de Miranda:

"Não poderia deixar de lhes expressar a minha emoção por ter sido escolhido para ser o intérprete da manifestação meritória e grata que este congresso presta ao inolvidável mestre Deolindo Amorim.

Figura destacada do Espiritismo no Brasil, o nosso saudoso com-

Abertura do IX Congresso. Da esquerda, Valentim Lorenzetti (em pé), Nestor Masotti, presidente da USE, Teodoro Lausi Sacco, presidente da FEESP, Hélio Rossi, representante em São Paulo da Abrajee, Alberto de Souza Rocha, vice-presidente da Abrajee, Wilson Garcia, presidente do Congresso, Divaldo Pereira Franco, orador, Francisco Thiesen, presidente da FEB, e Cel. Gothardo de Miranda, do Instituto de Cultura Espírita do Brasil.

O auditório do Centro de Convenções Rebouças foi o local da sessão solene de abertura do IX Congresso. A foto mostra o momento em que a Bandae Coral da Polícia Militar de São Paulo executava o Hino Nacional. Logo depois, a corpração musical executou a marcha Glória a Kardec, de John Philip Sousa, psicografada por Jorge Rizzini.

Acima, o prof. José Jorge e, abaixo, Luis Fuchs e esposa Eliana Fuchs, na sessão solene de abertura do Congresso.

Valentim Lorenzetti foi o Mestre de Cerimônias da solenidade de abertura.

Divaldo Pereira Franco, orador, no momento em que aplicava o carimbo do Correio, alusivo ao congresso.

O Sr. , representante dos Correios, apresenta o Carimbo Comemorativo do Congresso.

O Cel. Gothardo de Miranda falou sobre Deolindo Amorim, fundador do Congresso e desencarnado em 1984.

Abaixo, Alfredo Roberto, Eder Favaro e Bruin, na solenidade de abertura.

O jornalista Abstal Loureiro e Pedro Antonio Valvano (acima) e o casal Carlos Bernardo Loureiro e Lúcia Loureiro (abaixo) acompanham atentamente a solenidade de abertura do Congresso.

Momentos do congresso no Instituto Espírita de Educação, quando da apresentação dos painéis e seminários. Acima, à direita, Hélio Rosssi, José Jorge e Pedro Franco Barbosa em primeiro plano. Abaixo, Cel. Gothardo de Miranda, Nestor Masotti (atrás), Milton O´Reilly de Souza e Alfredo Miranda Prado

Acima, Osmar Marsilli, diretor da Rede Boa Nova de Rádio, Mery Sebba e Elfay Luiz Apollo.

Deolindo Amorim foi um incansável batalhador em prol da cultura espírita. Integrou o grupo dos intelectuais que compreenderam a importância do Espiritismo enquanto doutrina destinada ao aperfeiçoamento da sociedade.

Escrito especialmente para o IX Congresso Brasileiro de Jornalistas e Escritores Espíritas, este livro preencheu a lacuna existente na bibliografia sobre uma das mais empolgantes personalidades do Espiritismo brasileiro.

panheiro cumpriu entre nós um programa valioso de vida, que ele enriqueceu até o instante em que lhe restavam as forças físicas, com admiráveis qualidades e as nobres virtudes de um paladino das idéias sadias.

Nascido no princípio deste século (1906), em Baixa Grande, no sertão baiano, parece que ali mesmo lhe foram forjadas a têmpera e a resistência do sertanejo cantado por Euclides da Cunha. Como um cactos que verdeja e dessedenta, mesmo sob as mais inóspitas condições, Deolindo Amorim sempre foi um baluarte esclarecido da Doutrina Espírita a aclarar e a abrandar nossa sede de ensinamentos, principalmente quando esgotados nossos argumentos e capacidade perceptiva, faltavam-nos as definições e os princípios conclusivos.

Sereno e erudito, era um douto filósofo que discorria sobre os temas da vida com proficiência e alta sensibilidade, qualificando e classificando com justeza os problemas humanos e sociais do nosso dia-a-dia.

Suas inúmeras crônicas, publicadas na imprensa espírita, ou mesmo nos jornais leigos, demonstraram sempre a sua percuciência sociológica e filosófica, para interpretar os fenômenos éticos produzidos na nossa vida de relação com o próximo. E aí está o grande valor de seus escritos, traduzindo-nos com clareza e numa linguagem simples e acessível os princípios educativos de um código de vida saudável e construtivo.

Inteligência bem trabalhada desde os primeiros anos de vida, logo manifestou sua vocação literária escrevendo temas religiosos para uma publicação protestante de Canavieiras (BA), o "Nordeste Evangélico". Mas os seus sentimentos religiosos que também exigiam uma mente livre, logo esbarraram na intransigência dogmática do pastor que o acolhera e pretendia orientá-lo e, por isso, esmaeceu-se o seu ardor evangélico protestante.

Sentia ele falta de raciocínios mais esclarecidos, de idéias libertas do radicalismo ou do sectarismo coercitivo, porque já vibrava no seu íntimo um magnífico potencial de pensamentos e sentimentos sobre a finalidade superior do espírito humano na co-criação do mundo. Foi quando lhe chegou às mãos livro de Leon Denis, "O porque da vida", que logo o empolgou e desencadeou a sua permanente e sempre ávida pesquisa nos campos filosófico e teológico de regência da vida do homem nas suas múltiplas e variadas experiências terrenas. Tornou-se um admirador e seguidor do pensamento de Denis, a quem escolheu mais tarde como seu patrono, na Sociedade Brasileira de Filosofia, no Rio de Janeiro. No ato de investidura da sua cadeira apresentou uma tese sobre "O pensamento filosófico de Leon Denis", a qual foi divulgada mais tarde sob a forma de pequeno livreto.

O cidadão Deolindo Amorim, transplantado das plagas baianas para o Rio de Janeiro, ainda no verdor de sua juventude, chegou na antiga Capital Federal às vésperas da prestação do serviço militar. A este logo se incorporou e, como sempre,ávido de idéias dignificantes do homem, entusiasmou-se pelo Positivismo que àquela época ainda encabeçava o pensamento da oficialidade do Exército Brasileiro. Desde então, não explicitamente, as idéias do mestre Deolindo sempre mostraram uns laivos positivistas na sua formação hígida e bem ordenada.

Foi nesta fase, ainda materialmente instável da sua vida, que surgiu o verdadeiro jornalista com croniquetas e pequenos espaços no velho e conceituado "Jornal do Comércio". Sempre sequioso para expressar o seu pensamento e difundir suas idéias livres mas de alto cunho moral ele colaborou em vários jornais leigos: "O Radical", "Diário de Notícias", Brasil Policial", "Digesto Econômico" (São Paulo), "A Tarde" (Bahia), e diversas revistas educativas: "Escola Nova" (revista pedagógica), "Revista da Cruz Vermelha", "Revista de Seguros", "Vanguarda" e "Gazeta Judiciária", todas no Rio de Janeiro. Em 1949, por ocasião do centenário de Ruy Barbosa, escreveu em número especial desta última revista um trabalho, até hoje muito consultado e debatido, sobre "Ruy e a liberdade de cultos".

Suas atividades jornalísticas e literárias fora do movimento espírita, penetraram também em algumas instituições sérias de estudo e pesquisa da sociedade brasileira. Assim é que ele integrou e contribuiu com trabalhos importantes para o "Instituto Geográfico e Histórico da Bahia", para o "Centro de Estudos Baianos", para o "Centro de Letras do Paraná", para a "Sociedade Brasileira de Filosofia" do Rio de Janeiro e outras entidades, para onde muitas vezes foi convidado a debater problemas históricos, sociais e ético-filosóficos discutidos e polemizados nos meios universitários, ou pouco definidos nas hostes docentes.

Na "Casa do Advogado", em Campos, RJ, debateu o tema "Espiritismo e Criminologia", transformado em livro (1957), que hoje constitui fonte muito procurada e consultada nas áreas jurídicas criminais. No Colégio Salesiano de Petrópolis, discutiu com uma platéia eclética o "Sincretismo Religioso no Brasil". Na Faculdade de Direito do então Distrito Federal, realizou conferência sob a direção do criminalista Dr. Roberto Lyra, abordando o tema "O criminoso nato à luz da Doutrina Espírita". Realizou também debates no "Hospital Pinel" sob grande curiosidade e intenso questionamento de psiquiatras, psicólogos e assistentes sociais, sobre o tema "O suicídio em face da Doutrina Espírita". Este último assunto foi traduzido para o espanhol num livreto editado pela "Revista Cosmo", de San Juan, Porto Rico. Na Pontifícia Universidade Católica (PUC), contribuiu com palestra e debates para os estudantes de Psicologia, no Curso de Ética Cristã.

Seus trabalhos, fundamentados em pesquisa séria e altamente confiável, revestiam-se de análises equilibradas e sempre resultavam em teses profundas: sobre o comportamento sócio-moral do indivíduo perante o seu semelhante ou ante à sociedade, e desta para com os grupos que a compõem. Alguns historiadores, sociólogos e psicólogos serviram-se desses trabalhos, como subsídios de apoio aos seus estudos: Pedro Calmon, em sua "História do Brasil", VI volume; Delgado de Carvalho, na "Revista Diplomática Brasileira"; até mesmo no exterior os livros de Deolindo Amorim se constituíram em fonte valiosa de consultas. A Dra. Diana D. G. Brown, PHD em filosofia pela Columbia University (New York), na apresentação do capítulo "Umbanda" de sua tese "Politics of na Urban Religions Moviment" citou como bibliografia de sua sustentação os livros "Africanismo e Espiritismo", "Espiritismo e criminologia" e "Características da Doutrina Espírita (Anais do Instituto de Cultura Espírita do Brasil, 1965)". – Ver Anexo, "Anotações sobre atividade de Deolindo Amorim na imprensa e na tribuna leigas".

Mas foi realmente na área espírita que o mestre Deolindo Amorim se engrandeceu e conduziu a Doutrina Espírita, estudada e divulgada no Brasil, aos níveis superiores de cultura com que ela foi codificada e projetada por Allan Kardec no século XIX.

Fundou (07 de dezembro de 1957) o "Instituto de Cultura Espírita do Brasil" (ICEB) e o dirigiu com maestria até o seu desencarne em 24 de abril de 1984. Acompanhado por um grupo de batalhadores da Doutrina Espírita, que o seguiam e o admiravam quase como um líder carismático, deu ao ICEB uma envergadura e uma projeção cultural que ultrapassaram as fronteiras do nosso país. Estudiosos da Argentina, Dinamarca, Grécia, Holanda, México, Turquia e América Central se tornaram correspondentes do Instituto de Cultura Espírita do Brasil, em busca das teses e trabalhos apresentados pelos seus colaboradores, na sua tribuna ou na bibliografia condensada dos

"Anais do Instituto de Cultura Espírita do Brasil". Encabeçando e esclarecendo a posição cultural e doutrinária do ICEB, Deolindo Amorim esteve presente em todos os eventos de expressão do movimento espírita no Brasil. Sem se subordinar a quaisquer correntes de opinião e sem impor teses ou pensamentos dogmáticos específicos, seus pronunciamentos foram, na sua quase totalidade, acatados e passaram a ser subsídios de base para estudos posteriores. Nos dias atuais, o ICEB procura manter as diretrizes de estudo e pesquisa por ele planejadas e vividas com tirocínio, ao longo dos 27 anos em que dirigiu a casa de seus ideais e de sua afirmação como paladino da cultura espírita.

Na imprensa espírita, onde ingressou por volta de 1938, na Revista da Liga Espírita do Brasil, hoje USEERJ, a convite do confrade Dr. Francisco Klörs Werneck, logo se tornou num dos seus mais assíduos e importantes colaboradores.

Desde o jornal "Aurora", fundado pelo confrade Ignácio Bittencourt, onde ensaiou suas primeiras apreciações no jornalismo espírita, até quando as forças lhe faltaram definitivamente, os escritos de Deolindo Amorim eram disputados e encontrados em vária gama de periódicos e revistas especiais de instituições e sociedades divulgadoras da Doutrina Espírita . No "Mundo Espírita", editado no Paraná, seus trabalhos eram colocados com destaque de verdadeiros editoriais, pela expressão e grau cultural com que sempre foram procurados e assimilados pelos seus leitores.

Sua vocação jornalística levou-o a sindicalizar-se e a ingressar como sócio da ABI e membro da "Casa do Jornalista", onde desempenhou funções e cargo no Departamento de Assistência Social.

Muito respeitoso e cioso de uma ética jornalística sadia e de comunicação penetrante e construtiva, procurou imprimir esses padrões, principalmente à imprensa espírita. Nas suas atuações, em todos os Congressos de Jornalistas e Escritores Espíritas, tornou manifesto esse sentimento e estimulou a sua adoção pelos congressistas que ali estiveram e junto aos órgãos responsáveis pela divulgação do Espiritismo em nosso país.

Nos congressos, que têm reunido a família espírita em tertúlias para o aprendizado e aplicação mais aprimorada da Doutrina Espírita, nunca faltou a figura respeitável de Deolindo Amorim.

Foi ele que idealizou e liderou o 1º Congresso de Jornalistas Espíritas do Brasil, aberto em sessão histórica no dia 15 de novembro de 1939, na sede da Associação Brasileira de Imprensa (ABI), tendo como presidente de honra o imortal Leôncio Correia. Naquele congresso, Deolindo Amorim apresentou a idéia, logo aplaudida e apoiada, da criação da Sociedade Brasileira de Jornalistas e Escritores Espíritas, a nossa atual Abrajee, que hoje é vitoriosa e congrega todos aqueles que se esforçaram para manter, com dignidade, a divulgação do nosso Espiritismo. Foi notória, daí por diante, a sua participação em todos os congresso organizados pela Abrajee e a sua presença neles constituiu-se o certificado de proficiência e equilíbrio em todos os trabalhos.

Em 1949, Deolindo integrou o Congresso Espírita Pan-americano realizado no Rio de Janeiro e foi indicado para o cargo de Secretário Geral.

Em 1960, quando se realizou em Londres, Inglaterra, o Congresso Espírita Internacional, Deolindo, na qualidade de presidente do ICB, enviou uma tese sobre Reencarnação, que ali foi apresentada e defendida pelo Cel. Euclides Fleury, então professor do ICB e que àquela época se encontrava naquela cidade.

Em 1962, quando se instalou no Rio de Janeiro o 1º Congresso de Cegos Espíritas, dirigido pelo Mal. Mário Travassos, lá estava participando e apoiando o incansável lutador Deolindo, que incentivou a formação da Sociedade Pró-Livro Espírita em Braile (SPLEB).

Tomou parte ativa no 1º Congresso de Mocidades Espíritas do Brasil, de iniciativa e comando do pujante Leopoldo Machado.

Integrou e contribuiu com substanciosos argumentos para os trabalhos da "Coligação pró Estado Leigo", concebida e dirigida por Arthur Lins de Vasconcelos Lopes.

Finalmente, Deolindo Amorim nos deixou num dos seus preciosos livros, "Idéias e reminiscências espíritas" um estudo de alto conteúdo sobre a "Evolução da liberdade religiosa no Brasil" e a necessidade de independência do binômio "Igreja e Estado". Esse estudo, baseado em parte na análise político-social das Constituições de 1981 até 1934, deve ser considerado e refletido, no atual momento em que nos preparamos para que uma nova Constituinte elabore a Carta Magna do nosso Brasil.

Para encerrar essa síntese biográfica do nosso mestre Deolindo Amorim, transcreverei aqui uma mensagem manuscrita por ele e que revela a alma pura e superior que conviveu conosco por algum tempo. Num exemplar do "Evangelho segundo o Espiritismo", edição de 1917, guardado com carinho pela sua digna esposa, D. Delta Amorim, estava escrita a seguinte revelação, que ela me autorizou a publicar:

"O Evangelho segundo Espiritismo é, para mim, a maior mensagem de esperança e apoio íntimo que já encontrei até hoje. Nesta obra, que é o meu livro de orientação em todos os momentos de minha vida, aprendi a sentir o Cristo e a Justiça Divina. Sou um homem feliz e posso dizê-lo tranqüilamente." (26/08/1983.)

ANOTAÇÕES SOBRE A ATIVIDADE DE DEOLINDO AMORIM NA IMPRENSA E NA TRIBUNA LEIGAS (PESQUISA DE ENÉAS DOURADO)

Bandeirismo baiano

Trabalho citado no tratado "Notícias do Brasil", de Gabriel Soares de Sousa, Bahia, 1570. A obra é comentada pelo historiador F. [a] Varhangen, professor Manuel Augusto Pirajá da Silva e Edelweiss, edição do Departamento de Assuntos Culturais do MEC, 1974.

Conferências

"O sentido imortalista do pensamento de Leôncio Correia", Centro Paranaense no Rio de Janeiro, 1955.

"O pensamento filosófico de Leon Denis" (Patrono da Cadeira número 8), conferência pronunciada na Sociedade Brasileira de Filosofia, Rio de Janeiro, 1956.

Livro

Pesquisa conjunta sobre Sociologia, dirigida pela professora Fernanda Barcelos, UB, FNF, Rio de Janeiro.

Monografias

"Tradições comerciais da Bahia, I quartel do século XX", Centro de Estudos Bahianos, Salvador.

"A Bahia nos gabinetes ministeriais da monarquia", Centros de Estudos Bahianos.

Mesa redonda no Hospital Pinel de Doenças Mentais. Estudo de equipe, "O suicídio em face do Espiritismo", Rio de Janeiro, 1972.

Congressos

Trabalhos: "Evolução do município no Brasil", IV Congresso, Rio de Janeiro, 1949. II Congresso de História da Bahia: "O Barão Homem de Melo na presidência da Bahia".

Na imprensa

Constante é a sua presença na imprensa leiga. Alguns trabalhos como demonstração: "Estudo sobre a política federalista". Apreciou criteriosamente o assunto e o problema, em cartas, ao intelectual e Senador Mem de Sá (RS); estudo referente ao pioneirismo social, de proteção ao trabalhador, do empresário Tarquínio de Sousa, na Bahia, pondo em prática idéias avançadas em 1981, como casas, escolas, assistência médico-dentária e cooperativas; escreveu sobre Rodrigues Lima no governo da Bahia; escreveu sobre o Centenário dos Cursos Jurídicos no Brasil; uma coluna – carta ao JB 3/73, apreciando a passagem de Ruy Barbosa pelo Ministério da Fazenda; artigos no "Jornal do Comércio": "Moços e velhos" e "Mulheres e Academias".

Debates

Além de tantos, citamos: debate programado pela turma de bacharéis em Direito da Universidade do Paraná, Curitiba; debate na TV de Juiz de Fora, MG, sem limitação de tempo; encontro com estudantes de Direito em Florianópolis, SC, Universidade Federal, ocasião em que se discutiu o tema "O Espiritismo como filosofia de vida".

Encontro adiado

O renomado homem de ciência, antropólogo Arthur Ramos marcara encontro com Deolindo Amorim ao regressar da Europa, porém o professor e cientista patrício desencarnou na França em 1946.

ATIVIDADES DO CONGRESSO

As atividades do congresso, a partir do dia seguinte, sexta-feira, 19, foram desenvolvidas na sede do Instituto Espírita de Educação. Constou de sete módulos – Técnicas em Comunicação, Literatura Espírita – Teoria e História, Literatura Espírita (em sentido estrito), A Ciência na Obra Espírita, Análise de Casos, Literatura Espírita sob vários ângulos e Linguagem Jornalística e Publicitária – módulos que foram divididos em seis seminários e quinze painéis, com um total de cinqüenta e um palestrantes convidados.

A manhã do dia 21 foi dedicada à plenária geral com apresentação dos pareceres da subcomissão de trabalhos e teses, bem como a discussão e votação das moções apresentadas pelos congressistas. Ao encerramento, a comissão organizadora fez um balanço prévio do evento.

O I ENCONTRO DE EDITORES ESPÍRITAS

Dentro de um cenário de inflação elevada, que provocava o constante aumento dos preços do livro, mas principalmente sob o impacto do congelamento de preços determinado pela adoção do Plano Cruzado pelo Governo Sarney, o 1º Encontro Nacional de Editores Espíritas ocorreu no dia 19, sábado, das 14h às 18h, contando com a presença de apenas dez editoras: Federação Espírita Brasileira, representada pelo presidente Francisco Thiesen; Federação Espírita do Estado de São Paulo, com Aziz Cury; União das Sociedades Espíritas do Estado de São Paulo, com Nedir da Rocha Mendes e Mery Seba; Casa Editora O Clarim, com Aparecido Belvedere e Elfay Luiz Apolo; Editora Espírita Correio Fraterno do ABC, com Wilson Garcia e Raymundo Rodrigues Espelho; Editora Fraterna Espírita, com Marcus Alberto de Mário; Editora Espírita Cristã Fonte Viva, com Mário Bardella Jr. e Cláudio Lenine Stafleu Silva; Livraria e Editora Espírita Boa Nova, com Stig Roland Ibsen; Aliança Espírita Evangélica e Fundação Pietro Ubaldi. O universo editorial, na ocasião, compunha-se de cerca de 35 editoras espíritas, a grande maioria sem finalidades lucrativas e mantidas por instituições doutrinárias.

Após um breve relato sobre a gênese da idéia do encontro e a prévia realizada em Matão, foram colocados em discussão os itens constantes da pauta: O marketing do livro espírita e seus quatro Ps – produto, preço, promoção e distribuição; soluções para colocação do livro espírita no mercado não espírita, possibilidades de co-edições, relações autores-editoras e, finalmente, duas propostas: a criação de uma distribuidora nacional do livro espírita, feita pela Aliança Espírita Evangélica, e a criação de uma associação brasileira de editores espíritas, feita pelo Correio Fraterno do ABC.

A primeira proposta foi rejeitada pelos presentes e a segunda teve boa aceitação, ficando como um item para pauta futura.

O fato é que o mercado do livro espírita enfrentava problemas diversos, de ordem conjuntural e estrutural, diante dos quais o reclamado compromisso com as bases doutrinárias se tornava um dos menores. Havia um traço comum entre as editoras: por sua característica não lucrativa, preocupavam-se muito pouco com a profissionalização dos seus quadros, constituídos quase sempre, salvo exceções, apenas por colaboradores. Isso permitia, de um lado, manter o preço dos livros abaixo dos valores de mercado, mas também dava uma falsa noção de custos baixos, o que poderia trazer conseqüências ruins no futuro, além de constituir em fator de dificuldade para a comercialização do livro espírita nas grandes livrarias do país.

Assim, o mercado editorial espírita era um segmento marginal dentro do mercado editorial brasileiro: praticava preços bem abaixo daqueles não apenas por razões de lucro, mas também pelo interesse em permitir um maior acesso das classes sociais mais baixas ao livro. Com isso, enfrentava problemas na apresentação do livro (capa, projeto editorial, papel e acabamento), revisão gramatical deficiente apresentando muitos erros, e praticava descontos também abaixo do mercado. Enfim, faltava uma política comercial que atendesse de um lado o propósito do livro a baixo preço e também permitisse sua comercialização para além do segmento espírita, onde de fato se localizava a maior parcela do mercado consumidor brasileiro.

Todos esses fatores eram agravados pela precária distribuição do livro, também feita basicamente pelos próprios editores de forma fragmentada. Caso a idéia de uma distribuidora central de livros fosse aprovada, sua implementação exigiria a adoção de uma política que contemplasse os quatro pontos básicos do marketing. Sua rejeição, entretanto, não invalidou, pelo menos na reunião, a consciência de uma maior união dos editores. Mais tarde, já na década de 1990, a associação seria criada, porém com outras propostas e dentro de um novo cenário econômico.

Foram aprovadas algumas medidas no sentido de juntar esforços em prol da solução dos problemas mais imediatos, tais como: formação de uma comissão para prosseguimento das discussões, a qual deveria reunir-se dentro de um mês e, posteriormente, estabelecer mecanismos que permitisse a continuidade dos entendimentos; outorga à editora da FEB de credenciais para fazer gestões junto ao Sindicato Nacional dos Editores de Livros (Sinel) no sentido de encontrar soluções para os problemas gerados pelo congelamento de preços fixado pelo plano econômico do Governo Sarney.

A comissão ficou constituída pelas editoras Correio Fraterno do ABC, O Clarim, FEB e Boa Nova. A sua primeira reunião deveria acontecer na sede da FEB, no Rio de Janeiro, no dia 19 de maio de 1986, um mês após o congresso. Por problemas de agenda, a reunião foi cancelada e nunca mais aconteceu. Não se tem notícias, também, das gestões que deveriam ser feitas pela FEB junto ao Sinel.

PROGRAMA E INFORMAÇÕES ESTATÍSTICAS

Para contar com o maior número possível de representantes dos diversos segmentos do movimento espírita, a comissão organizadora montou um programa abrangente, convidando 51 expositores.

PROGRAMA
18/04/86 **8h às 18h** Recepção aos congressistas Local: Instituto Espírita de Educação Rua Leopoldo Couto de Magalhães Jr., 695, Itaim
20h Abertura Oficial do Congresso Local: Centro de Convenções Rebouças Avenida Rebouças, 600 Orador: Divaldo Pereira Franco Lançamento do livro "Cairbar Schutel, o Bandeirante do Espiritismo" Autores: Eduardo Carvalho Monteiro e Wilson Garcia Lançamento do Carimbo Comemorativo Homenagem a Deolindo Amorim Participação da Banda e Coral da Polícia Militar
19/04/86 Local: Instituto Espírita de Educação
8h – Recepção e entrega do material aos congressistas
9h – Início das atividades Plenária: Revisão do VIII Congresso realizado em Salvador Apresentador: Ildefonso do Espírito Santo (Bahia)

10h – TÉCNICAS EM COMUNICAÇÃO
Seminário 1: Teatro Espírita, texto, montagem e interpretação Hamilton Saraiva (São Paulo) e Nazareno Tourinho (Pará) **Seminário 2:** Como fazer um jornal espírita moderno João Pascale (São Paulo) **Seminário 3:** Técnicas de Relações Públicas em Centros Espíritas Valentim Lorenzetti (São Paulo)
12h – Almoço
14h – LITERATURA ESPÍRITA – TEORIA E HISTÓRIA
Painel 1: Subsídios para a história da Literatura Espírita José Jorge (Rio de Janeiro), Newton G. de Barros (Rio de Janeiro), Ariston Santana Telles (Bahia) e Joseval Brito Carneiro (Bahia) **Painel 2:** Literatura Espírita em sentido amplo e estrito. Aspectos teóricos Heloisa Pires (São Paulo), Maruá Eny Rossetini Paiva (São Paulo), Rubens César Colacino (São Paulo) e Nazareno Tourinho (Pará) **Painel 3:** Fatos espíritas na literatura universal Carlos de Brito Imbassahy (Rio de Janeiro), Hélio Rossi (São Paulo), Suely Caldas Schubert (Minas Gerais) e Hamilton Saraiva (São Paulo)
14h às 18h – I Encontro Nacional de Editores Espíritas
16h **Painel 4:** Literatura Espírita Infantil Gilvete Ming (São Paulo), Lenir Lea de Figueiredo (S. Paulo), Helena M.C. Carvalho (S. Paulo) e Roque Jacintho (S. Paulo)

Painel 5: Estudando a Poesia Espírita
Clovis Ramos (Maranhão), Milton O´Reilly de Souza (Rio de Janeiro), Dora Incontri (São Paulo) e Pedro Franco Barbosa (Rio de Janeiro)

Painel 6: Literatura Espírita – abordagem inicial como subsídio para uma crítica literária
Marcus Alberto de Mário (Rio de Janeiro), José Jorge (Rio de Janeiro), Alberto de Souza Rocha (Rio de Janeiro) e Carlos Bernardo Loureiro (Bahia)

Dia 20/04/86

8h – A CIÊNCIA NA OBRA ESPÍRITA

Seminário 4: Aspectos científicos na obra de André Luiz
Nazareno Tourinho (Pará)

Seminário 5: Fenômenos Mediúnicos e Parapsicológicos: diferenciações, bibliografia
Ney Prieto Peres

Seminário 6: Fenômenos na hora da morte. Bibliografia espírita e não espírita
Alexandre Sech (Paraná)

10h – ANÁLISE DE CASOS

Painel 7: Experiências no jornalismo espírita
Raymundo Rodrigues Espelho (São Paulo), Hugo Gonçalves (Paraná), Aparecido Belvedere (São Paulo) e Luiz Alberto Zanardi (São Paulo)

Painel 8: Os autores espíritas
Wilson Ferreira de Mello (São Paulo), Richard Simonetti (São Paulo), Mário B. Tamassia (São Paulo) e Gerônimo Mendonça (Minas Gerais)
Painel 9: Experiência em rádio e TV
Éder Favaro (São Paulo), Gastão de Lima Neto (São Paulo), Jorge Rizzini (São Paulo) e José dos Santos (São Paulo)

12h – Almoço

14h – LITERATURA ESPÍRITA, VÁRIOS ÂNGULOS

Painel 10: Literatura Espírita, conteúdo e tendências
Jorge André (Rio de Janeiro), Otávio Melquíades Ulisséa (Paraná), Antonio César Perri de Carvalho (São Paulo) e Salvador Gentile (São Paulo)

Painel 11: Espiritismo na literatura de cordel
José Ary Nogueira (Goiás), Bhering Leiros (São Paulo), Paulo Nunes Batista (Goiás)

Painel 12: Herculano Pires – obras
Heloisa Pires (São Paulo), Aylton Paiva (São Paulo), Jorge Rizzini (São Paulo) e Carlos Bernardo Loureiro (Bahia)

16h – LINGUAGEM JORNALÍSTICA E PUBLICITÁRIA

Painel 13: Linguagem e técnicas publicitárias na divulgação espírita
Merhy Seba (São Paulo), Walmir Cedotti (São Paulo), Renato Melo (São Paulo) e Wilson Garcia (São Paulo)

Painel 14: Doutrinação e informação na imprensa espírita
José Rodrigues (São Paulo), Itacyr Lichtenberg (Paraná), Jaci Regis (São Paulo) e Abstal Loureiro (Rio de Janeiro)

Painel 15: Formas de abordagem aos que buscam o centro espírita
Nancy Pulman di Girolamo (São Paulo), Teodoro Lausi Sacco (São Paulo), Miltes Carvalho Bonna (São Paulo) e Terezinha de Oliveira (São Paulo)

18 h – Encerramento

Dia 21/04/86
8h – REUNIÃO PLENÁRIA – trabalhos, teses, moções etc.
11h – Encerramento oficial do congresso: primeiros resultados e perspectivas futuras. Apresentação: coordenação do congresso
PARTE ARTÍSTICA
Dia 19, 19h – Leitura dramática da peça "A Estranha Loucura de Lorena Martinez", de Nazareno Tourinho, escrita especialmente para o IX Conbrajee. Direção: Hamilton Saraiva Intérpretes: Armando Azzari, Paulo Pompéia, Marcos Lander, Heitor Saraiva, Neusa Maria de Amorim Saraiva, Nilton Nabarrete, Jacy Barboza Saraiva, Antonio Pizzo e Deborah da Graça.

TRABALHOS E TESES

A subcomissão de Trabalhos e Teses, sob a coordenação da escritora Helena M.C. Carvalho, deu o parecer pela aceitação dos seguintes textos encaminhados ao IX Conbrajee, parecer este que posteriormente foi confirmado pela plenária do congresso:

Crítica espírita de Herculano Pires sobre o aperfeiçoamento do homem e da sociedade, de Aylton Guido Coimbra de Paiva, Lins, São Paulo.

Literatura Espírita, de Carmen Barreto, Niterói, Rio de Janeiro.

Arte Espírita – Literatura Espírita, de Cerisa Dias Damasceno, Juiz de Fora, Minas Gerais.

É o Espiritismo uma religião?, Floriano Moinho Peres, Niterói, Rio de Janeiro.

Da importância de se divulgar a doutrina dos Espíritos nos setores carcerários, Idalinda de Aguiar Matos, Rio de Janeiro, RJ.

Análise teórico-crítica: visão social de Emmanuel, Maria Eny Rossetini Paiva, Lins, São Paulo.

Literatura como fonte de renda da Abrajee, Marilena Taveira, Brasília, DF.

Alargamento orbital da Literatura Espírita, Mário B. Tamassia, Campinas, São Paulo.

A lei de causa e efeito nas narrativas espíritas, Milton Luz, Porto Alegre, RS.

Análise das contribuições científicas na Literatura Espírita, Ney Prieto Peres, São Paulo, SP.

A religião na Literatura Espírita, Pedro Franco Barbosa, Rio de Janeiro, RJ.

MOÇÕES APROVADAS

1. CONSTITUINTE BRASILEIRA

"Que a imprensa espírita dinamize e dê ampla divulgação à participação do espírita na Constituinte brasileira". *Ney Prieto Peres.*

2. AGRADECIMENTO

"Requeremos a esse plenário seja aprovada uma moção de agradecimento às instituições abaixo, pelo inestimável apoio dado ao IX Congresso Brasileiro de Jornalistas e Escritores Espíritas: Instituto Espírita de Educação, Federação Espírita do Estado de São Paulo e União das Sociedades Espíritas do Estado de São Paulo". *Eduardo Carvalho Monteiro, Wilson Garcia e Alberto de Souza Rocha.*

3. LOUVOR

"Ao plenário do IX Congresso Brasileiro de Jornalistas e Escritores Espíritas propomos uma moção de louvor a Joaquim Alves, companheiro desencarnado em julho de 1985, que dedicou quatro décadas de sua vida ao movimento espírita e que se destacou em inúmeras atividades...". *Eduardo Carvalho Monteiro e Ivanir do Carmo Caurin.*

4. RECONHECIMENTO

"Solicitamos à mesa do IX Conbrajee uma moção de reconhecimento ao trabalho do inesquecível Francisco Klörs Werneck, que trouxe ao conhecimento dos espíritas brasileiros a obra monumental de

Ernesto Bozzano". Carlos Bernardo Loureiro, Jorge Rizzini e Lúcia Amaral Kfouri.

PROPOSTAS LEVADAS AO PLENÁRIO

1. Os abaixo assinados, representantes do Estado do Paraná, requerem seja submetida ao plenário a indicação do X Conbrajee para a cidade de Curitiba, em 1989". *Itacyr Lutchemberg, Otávio Melchíades Ulysséa, Victor Ribas Carneiro, Gilda F. Carneiro* e outros.

2. "Propomos à mesa que, ouvidas as representações dos respectivos Estados no presente Congresso, seja o X Conbrajee realizado no Rio Grande do Sul". *Abstal Loureiro.*

3. José Ary Nogueira, brasileiro, natural de Pacajus, no Estado do Ceará, jornalista militante no jornal Tribuna do Ceará... na qualidade de congressita do IX Conbrajee, vem muito respeitosamente propor à Abrajee que o próximo evento congregacional desta egrégia entidade classista seja realizado na cidade de Pacajus, Ceará...". *José Ary Nogueira.*

4. "Proponho que o tema central do X Conbrajee seja Vivência Espírita". *Ney Prieto Peres.*

5. "A divulgação do Espiritismo como ciência, filosofia e religião, livro O que é o Espiritismo, de A. Kardec. Proponho a título de sugestão". Carlos de Britto Imbassahy.

6. "Que os jornalistas e escritores espíritas continuem incentivando os aspectos científicos e filosóficos da doutrina em seus textos, mas que não se esqueçam também do aspecto consolador (estritamente ligado à religião), altamente importante num mundo ainda repleto de sofrimentos e dores. Intenção da proposta: cuidados para que não intelectualizemos demais o movimento literário espírita". *Lúcia Amaral Kfouri.*

7. "Proponho ao congresso a seguinte recomendação: que as federações e uniões espíritas criem departamentos de educação e saúde, a exemplo da Federação Espírita do Paraná. A proposta fundamenta-se na existência de um grande número de estabelecimentos de ensino e unidades hospitalares que atuam divorciadas das federações, sendo que muitos deles são implantados pelas próprias federações". Otávio Melchíades Ulysséa.

8. "Tendo em vista que a data de 26 de julho, aprovada no congresso de Salvador como Dia da Imprensa Espírita, está com sua divulgação aquém do ideal, proponho ao plenário do Conbrajee 86 que seja reforçado o valor daquela data perante a comunidade espírita e que a mesma seja comemorada em todas as partes do país". *Noraldino de Mello Castro.*

9. "Considerando que a ciência é um dos ramos em que se apóia o Espiritismo, propomos que durante os próximos congressos brasileiros de jornalistas e escritores espíritas, ao lado das mostras de livros sejam providas, também, sempre que possível, mostras de equipamentos de pesquisa e avaliação mediúnica ou dita paranormal". *Milton Magalhães, Carlos Bernardo Loureiro, Joseval Carneiro e outros.*

10. "Considerando que se constitui aspecto importante a grafia correta do nome do Codificador do Espiritismo; considerando que as pesquisas existentes não aprofundaram tal investigação, limitando-se a transcrição de dicionários e enciclopédias; considerando que a transcrição da certidão de nascimento do mestre lionês, cognominado Allan Kardec, incerta em um livro editado pela Feb e de autoria da Federação Espírita Brasileira, publicado em 1909, grafa o nome completo como Denisard Hyppolite Leon-Rivail, confirmada pela Edicel em Vida e Obra de Allan Kardec, proponho sejam analisados pela Abrajee dados suplementares colhidos ou enviados por pesquisadores, com vistas à elucidação e correção". *Joseval Brito Carneiro e Carlos Bernardo Loureiro.*

11. "O Grupo de Teatro Espírita Leopoldo Machado, da cidade de Salvador, Estado da Bahia, considerando a necessidade de que sejam traçadas diretrizes compatíveis com a realidade da divulgação do Espiritismo no Brasil, através da arte teatral, propõe seja realizado um Encontro Nacional de Arte Cênica, a ser patrocinado por instituições devidamente aparelhadas para o importantíssimo evento". *Milton Magalhães, Lúcia Loureiro, Carlos Bernardo Loureiro e Jacira Couto Magalhães.*

12. "Requeremos que seja proposto à aprovação do plenário o nome do insigne e saudoso companheiro, jornalista e escritor espírita Deolindo Amorim para Patrono do X Conbrajee". *Pedro Antonio Valvano, Mário Boari Tamassi, Victor Ribas Carneiro, Gilda Carneiro, José Jorge, Pedro Franco Barbosa, Antonio de Souza Lucena e Abstal Loureiro e outros.*

RESUMO

Propostas: 13
Moções: 4
Teses: 1
Trabalhos para plenária: 7
Trabalhos aprovados para participação: 3
Trabalho recusado: 1

OUTROS NÚMEROS

Total de inscritos: 180
Inscrições gratuitas: 35
Colaboradores: 25
Total: 240

INSCRIÇÕES POR ESTADOS/PAÍSES:

Alagoas: 1
Bahia: 19
Ceará: 1
Distrito Federal: 8
Espírito Santo: 1
Goiás: 2
Mato Grosso do Sul: 1
Minas Gerais: 4
Pará: 4
Paraíba: 1
Paraná: 15
Pernambuco: 4
Rio Grande do Sul: 3
Rio de Janeiro: 38
Santa Catarina: 3
São Paulo: 75
Argentina: 2
Estados Unidos: 1

Número de painéis realizados: 15
Número de seminários realizados: 6
Número de expositores programados: 51
Número de expositores presentes: 42
Número de expositores ausentes: 9

Ausências justificadas: Suely Caldas Schubert, Salvador Gentile, Jorge Andréa, Jaci Regis e Clóvis Ramos.

Ausências não justificadas: Richard Simonetti, Roque Jacintho, Jerônimo Mendonça e Newton G. de Barros.

HOMENAGEM A NORALDINO DE MELLO

O encerramento do IX Conbrajee reservou, ainda, uma derradeira homenagem. Havia um único espírita presente ao qual podia ser atribuída uma importância histórica para aquele evento que, não se poderia prever, teria praticamente seu final ali, naquela plenária. Este era o mineiro Noraldino de Mello Castro. Apesar de marcado pelos anos, ainda assim aquele nosso companheiro não se intimidara com as agruras que um deslocamento de Belo Horizonte até São Paulo impunha às pessoas cuja idade entrara pelo tempo.

Noraldino estava ali, como estivera em todos os demais congressos de jornalistas e escritores espíritas. Desde o primeiro, na antiga Capital da República, no distante 1939. Estava ali e deixaria de estar entre os encarnados pouco tempo depois. A comissão organizadora não teve dúvidas: prestou-lhe justa e comovida homenagem, destacando-lhe os méritos e obtendo de todos os presentes um reconhecimento indiscutível a quem era a própria história do evento.

Encerrou-se, assim, de forma superior, o IX Congresso.

COMISSÃO ORGANIZADORA

Wilson Garcia, *presidente*
Hélio Rossi, *coordenador*
Eduardo Carvalho Monteiro, *secretário geral*
Lenir Lea de Figueiredo, *secretária*
João Emílio de Bruin, *tesoureiro*
Helena M.C. Carvalho, *subcomissão de trabalhos e teses*
Ivanir do Carmo Caurin, *subcomissão de recepção e hospedagem*
Walmir Cedotti, *divulgação*

Membros da Comissão Organizadora e alguns integrantes da equipe de colaboradores após o encerramento dos trabalhos

BIBLIOGRAFIA

AMORIM, D. *Relembrando Deolindo II*. Ed. CELD, Rio de Janeiro, 1994.
CLÍMACO, F. O canto das pedras, s/ ed., Recife, 2000.
GARCIA, W. *Uma janela para Kardec*. Ed. Eldorado/OpiniãoE, Capivari, 1996.
________ *Vinícius, educador de almas*. Ed. Eldorado/EME, Capivari, 1995.
LUCE, G. *Léon Denis, vida e obra. Edicel*, 2ª, São Paulo, 1978.
________ *Léon Denis, o apóstolo do Espiritismo*. Ed. CELD, Rio de Janeiro, 1989.
MONTEIRO, E. C. *100 anos de Comunicação Espírita*. Ed. Madras, São Paulo, 2003.
RAMOS, C. *A imprensa espírita no Brasil*. Ed. Instituto Maria, Juiz de Fora, s/d.
RIZZINI, J. *Kardec, irmãs Fox e outros*. Ed. Eldorado/EME, 2ª, Capivari, 1995.
Anais do Instituto de Cultura Espírita do Brasil, vol 1, 2 e 3.
Anais do VII CBJEE. Ed. Instituto Maria, Juiz de Fora, s/d.
Anais do VIII CBJEE. Ed. Instituto Maria, Juiz de Fora, s/d.
Conselho Federativo. Ed. FEB, Rio de Janeiro, 1928.
Esboço histórico da FEB. Ed. FEB, Rio de Janeiro, 1924.
Livro do Centenário, Ed. FEB, Rio de Janeiro, 1906.
Periódicos:
Aliança, ed 11/12/1989.
Jornal Espírita, meses 3 e 10/1989.
Clarim, O, ed. 15/11/1990 e 15/1/1995.
Correio Fraterno do ABC, meses 4, 5 e 6/1986, 11/1989.
Verdade e Luz, mês 12/1989.